Peter Schoenen

Kaufmann/Kauffrau für Spedition und Logistikdienstleistung

Prüfungstrainer Abschlussprüfung
Übungsaufgaben und erläuterte Lösungen

Aufgabenteil

Bestell-Nr. 402

U-Form-Verlag · Hermann Ullrich (GmbH & Co) KG

Ihre Meinung ist uns wichtig!

Bei Fragen, Anregungen oder Kritik
zu diesem Produkt senden Sie bitte
eine E-Mail an:

feedback@u-form.de

Wir freuen uns auf Ihre Rückmeldung.

Bitte beachten Sie:

Zu diesem Prüfungstrainer gehören auch noch ein Lösungsteil und
ein Lösungsbogen.

COPYRIGHT

U-Form-Verlag, Hermann Ullrich (GmbH & Co) KG
Cronenberger Straße 58 · 42651 Solingen
Telefon 0212 22207-0 · Telefax 0212 208963
Internet: www.u-form.de · E-Mail: uform@u-form.de

7. Auflage 2011 · ISBN 978-3-88234-402-8

Am 1. August 2004 ist die Ausbildungsordnung zum/zur „Kaufmann/Kauffrau für Spedition und Logistikdienstleistung" in Kraft getreten. Die Neuordnung des alten Berufsbildes „Speditionskaufmann/Speditionskauffrau" war notwendig geworden, um der Weiterentwicklung der logistischen Inhalte entsprechend der wirtschaftlichen Entwicklung des Spediteurs als Logistikdienstleister gerecht zu werden.

Der DSLV (Deutscher Speditions- und Logistikverband) bemerkt dazu: „Logistik geht dabei über das Geschäft der Optimierung von Güterversendungen und Transportketten hinaus und wird um ganzheitliche Systemlösungen erweitert, mit denen sich der Spediteur in die Prozessketten von Handel und Industrie integriert".

Die Neuordnung hat ebenfalls die inhaltliche und formelle Gestaltung der Abschlussprüfung verändert. So beinhaltet der Prüfungsbereich 1 nicht mehr die klassische Speditionsbetriebslehre, sondern stellt ab auf die „Leistungserstellung in Spedition und Logistik". Der Prüfungsbereich 2 bezieht sich auf die „Kaufmännische Steuerung und Kontrolle" und löst die alte Bezeichnung „Rechnungswesen" ab. Der 3. Prüfungsbereich heißt unverändert „Wirtschafts- und Sozialkunde" und bezieht sich auf einschlägige Inhalte der Wirtschafts- und Geschäftsprozesse der Speditions- und Logistikdienstleistungsbetriebe. (*)

Die Aufgaben des Prüfungsbereiches 1 sind ungebunden, d. h., in konventioneller Form schriftlich zu bearbeiten. Der Fachbericht ist weggefallen. Die Aufgaben des Prüfungsbereichs 2 sind vorwiegend gebunden (programmiert), einige in ungebundener Form gestellt.

Dieser Prüfungstrainer enthält eine Auswahl von Aufgaben zu den Prüfungsbereichen 1 und 2 der schriftlichen Abschlussprüfung, die sich nach § 9 der Ausbildungsverordnung in folgende Bereiche gliedert:

Prüfungsbereich 1: Leistungserstellung in Spedition und Logistik	Prüfungsbereich 2: Kaufmännische Steuerung und Kontrolle
Teil A (Verkehrsträgerübergreifend) • Transport, Umschlag, Lagerleistung • Logistische Dienstleistungen • Marketing **Teil B (Verkehrsträgerspezifisch)** • Straßenverkehr • Schienenverkehr • Luftverkehr • Binnenschifffahrt • Seeschifffahrt	• Prozessorientierte Leistungserstellung in Spedition und Logistik • Kosten- und Leistungsrechnung • Controlling

Die Aufgaben und Fallsituationen decken die für die Abschlussprüfung relevanten Prüfungsinhalte ab; sie entsprechen den Anforderungen des von der AkA (Aufgabenstelle für kaufmännische Abschluss- und Zwischenprüfungen) erstellten Prüfungskataloges.

Die Lerninhalte sind in **allen** Bundesländern gleich, da sie sich nach der Ausbildungsverordnung für diesen Beruf richten. Auszubildende aus dem gesamten Bundesgebiet können sich somit mit diesem Übungsmaterial auf ihre Abschlussprüfung vorbereiten.

Fortsetzung auf der nächsten Seite

(*) Aufgaben aus diesem Prüfungsbereich sind von demselben Autor im Verlag erschienen im Prüfungstrainer „Fit in WiSo II", Best.-Nr. 784 und ergänzen optimal die Prüfungsvorbereitung.

Vorwort

Bei den Erläuterungen zu den Lösungen wurde Wert auf eine ausführliche Darstellung gelegt. Bei Rechenaufgaben z. B. sind die einzelnen Lösungsschritte anschaulich dargestellt, sodass Sie selbstständig, ohne Hilfe eines Dritten, den Lösungsweg nachvollziehen können.

Den Fachkollegen, die bei der kritischen Durchsicht der Aufgabensammlung wertvolle Anregungen gegeben haben, sei an dieser Stelle nochmals herzlichen Dank gesagt.

Die Aufgaben und Lösungen des Prüfungstrainers wurden komplett durchgesehen, teilweise erweitert bzw. ergänzt und mit den letzten Abschlussprüfungen abgeglichen.

Aachen im Herbst 2011

Peter Schoenen

Hinweise zum Umgang mit dem Prüfungstrainer

Der Prüfungstrainer besteht aus drei Teilen: einem Aufgabenteil, einem Lösungs- und Erläuterungsteil, zusätzlich ist für die programmierten Aufgaben ein Lösungsbogen beigefügt. Zur selbstständigen Bearbeitung der Aufgaben und Fallsituationen und zum Feststellen eventueller Wissenslücken empfiehlt es sich, den Lösungsteil zunächst zur Seite zu legen. Sie sollten ihn erst zur Hand nehmen, nachdem Sie die erste Arbeitsphase abgeschlossen haben. Eine Arbeitsanleitung für die Bearbeitung ungebundener als auch gebundener Aufgaben des Aufgabenteils und wie mit dem Lösungsbogen umzugehen ist, finden Sie ab Seite 13.

Prüfungsbereich	Aufgabenart	Teil	Gebiet	Aufgaben-Nr.	Seite
1 Leistungs-erstellung in Spedition und Logistik	Ungebunden	**A** Verkehrs-träger-übergreifend	Transport, Umschlag, Lagerleistung	1.01 – 1.35	21 – 58
			Logistische Dienst-leistungen	2.01 – 2.14	59 – 70
			Marketing	3.01 – 3.12	71 – 83
		B Verkehrs-träger-spezifisch	Straßenverkehr	1.01 – 1.11	87 – 103
			Schienenverkehr	2.01 – 2.10	104 – 110
			Luftverkehr	3.01 – 3.09	111 – 120
			Binnenschifffahrt	4.01 – 4.10	121 – 131
			Seeschifffahrt	5.01 – 5.14	132 – 146
2 Kaufmännische Steuerung und Kontrolle	Ungebunden		Prozessorientierte Leistungserstellung in Spedition und Logistik	1.01	149
			Sammelgut und Systemverkehre	1.02	150
			Logistische Dienst-leistungen	1.03	151
	Gebunden Ausnahme: Aufgabe 2.09 Fall 2 = ungebunden		Kosten- und Leistungsrechnung	2.01 – 2.12	152 – 167
	Ungebunden und gebunden Aufgabe 3.09 enthält unge-bundene und gebundene Teilaufgaben		Controlling	3.01 – 3.09	168 – 204

Inhaltsverzeichnis Aufgabenteil

Prüfungsbereich 1: LEISTUNGSERSTELLUNG IN SPEDITION UND LOGISTIK

Teil A – Verkehrsträgerübergreifend

Transport, Umschlag, Lagerleistung

Inhaltsverzeichnis Aufgabenteil

Prüfungsbereich 1: LEISTUNGSERSTELLUNG IN SPEDITION UND LOGISTIK

Teil B – Verkehrsträgerspezifisch

Straßenverkehr

Schienenverkehr

Luftverkehr

Inhaltsverzeichnis Aufgabenteil

Inhaltsverzeichnis Aufgabenteil

Prüfungsbereich 2: KAUFMÄNNISCHE STEUERUNG UND KONTROLLE

So sieht Ihre Abschlussprüfung aus

Die Aufgabenstellung der Abschlussprüfung erfolgt bundeseinheitlich und hat zum Ziel Ihre berufliche Handlungskompetenz zu überprüfen, d.h. Ihre Befähigung zu selbständigem Planen, Durchführen und Kontrollieren. Die schriftliche Prüfung wird an zwei Prüfungstagen abgenommen.

Prüfungsbereich Leistungserstellung in Spedition und Logistik (1. Prüfungstag)

Die Prüfungszeit für den Prüfungsbereich Leistungserstellung in Spedition und Logistik beträgt 180 Minuten, 120 Minuten davon sind für den verkehrsträgerübergreifenden Teil vorgesehen, die übrigen 60 Minuten für den verkehrsträgerspezifischen Teil. Der Aufgabensatz des verkehrsträgerspezifischen Teils der Prüfung enthält für jeden der fünf Verkehrsträger (Straßen-, Schienen-, Luftverkehr, Binnen-, und Seeschifffahrt) jeweils eine Aufgabe. **Achten Sie bitte darauf,** dass Sie **nur die verkehrsträgerspezifische Aufgabe desjenigen Verkehrsträgers bearbeiten, der Ihnen am Tag der Prüfung mit der Aufgabenstellung vom Prüfungsausschuss vorgegeben wird**. Bearbeiten Sie die verkehrsträgerspezifische Aufgabe eines anderen als vom Prüfungsausschuss mitgeteilten Verkehrsträgers wird Ihre Prüfungsleistung als ungenügend bewertet.

Der Prüfungsbereich Leistungserstellung in Spedition- und Logistik wird ausschließlich mit ungebundenen (konventionellen) Fragen geprüft, d. h. die Aufgaben müssen Sie mit eigenen Worten beantworten. Insbesondere in diesem Prüfungsbereich werden so genannte handlungsorientierte Situationsaufgaben gestellt, bei denen – von einer Situationsbeschreibung ausgehend – mehrere Aufgaben zu bearbeiten sind, die sich auf die Ausgangssituation beziehen. Hierbei müssen z. B. Beurteilungen vorgenommen oder Begründungen abgegeben werden. Für die Beantwortung bzw. Berechnung von Ergebnissen steht Ihnen in der Prüfung Konzeptpapier zur Verfügung.

Zur Bearbeitung ungebundener (offener) Aufgaben sehen Sie bitte auch die beispielhafte Arbeitsanleitung dieses Prüfungstrainers ab der Seite 13.

Prüfungsbereich Kaufmännische Steuerung und Kontrolle (2. Prüfungstag)

Dieser Prüfungsbereich wird mit gebundenen (maschinell auswertbaren) und ungebundenen Aufgaben geprüft. Die Prüfungszeit beträgt 90 Minuten.

Zur Anwendung kommen in der Mehrzahl Rechenaufgaben in Offen-Antwort-Form, aber auch Zuordnungsaufgaben. Beispiele für die Bearbeitung der verschiedenen Aufgabenarten finden Sie in der Arbeitsanleitung ab Seite 13. Bei gebundenen Aufgaben müssen Sie die Lösungen (bei Rechenaufgaben – das Endergebnis) in der Prüfung in einen Lösungsbogen eintragen bzw. übertragen. Um dieses Verfahren zu üben, liegt diesem Prüfungstrainer ein Lösungsbogen bei, eine Arbeitsanleitung dazu finden Sie auf der Seite 16.

Hinweise zur Abschlussprüfung

Prüfungsbereich Wirtschafts- und Sozialkunde (2. Prüfungstag)

Dieser Prüfungsbereich kann ebenfalls gebundene, als auch ungebundene, Aufgaben enthalten. Zurzeit wird der Prüfungsbereich zumeist mit gebundenen Fragen geprüft. Die Prüfungszeit beträgt 60 Minuten. Zur speziellen Prüfungsvorbereitung auf das Fach Wirtschafts- und Sozialkunde ist vom Autor dieses Prüfungstrainers eine ein Prüfungstrainer mit dem Titel „Fit in WiSo 2" im U-Form-Verlag erschienen, die über die Bestellnummer 784 bezogen werden kann.

Prüfungsbereich Fallbezogenes Fachgespräch [= praktische (mündliche) Abschlussprüfung]

Für die mündliche Prüfung ist ein fallbezogenes Fachgespräch vorgesehen. Hierbei sollen Sie eine von zwei zur Wahl gestellten praxisbezogenen Aufgaben lösen. Berücksichtigt wird der betriebliche Ausbildungsschwerpunkt. Die Aufgabe ist als Ausgangspunkt für das anschließende Fachgespräch von ca. 30 Minuten Dauer vorgesehen. Während der 30 Minuten sollen Sie unter Beweis stellen, dass Sie betriebspraktische Aufgaben sachgerecht lösen können und dabei wirtschaftliche, technische, ökologische und rechtliche Zusammenhänge beachten.

Für das Gespräch wird Ihnen eine Vorbereitungszeit von höchstens 20 Minuten gewährt.

> **Unser Tipp für Ihre Vorbereitung: Machen Sie eine Generalprobe!**
>
> Wenn Sie diesen Prüfungstrainer durchgearbeitet haben und sich fit für die Prüfung fühlen, empfehlen wir Ihnen: Proben Sie den Ernstfall mit einer original Abschlussprüfung! Reicht Ihnen die vorgegebene Zeit zur Beantwortung aller Fragen? Gibt es vielleicht doch noch die eine oder Frage, die Sie nicht beantworten können?
>
> Aufgabensätze der Zwischen- als auch der Abschlussprüfung vergangener Prüfungstermine erhalten Sie beim U-Form-Verlag, solange der Vorrat reicht.
>
> Aufgabensatz
> Zwischenprüfung mit freigegebener Musterlösung
> Best.-Nr. 4499
>
> Aufgabensatz
> Abschlussprüfung mit freigegebener Musterlösung
> Best.-Nr. 7299

Arbeitsanleitung für ungebundene (konventionelle) Aufgaben

Im Prüfungsbereich Leistungserstellung in Spedition und Logistik kommen ausschließlich ungebundene Aufgaben zum Einsatz.

Ungebundene Aufgaben sind komplexe Aufgaben, die aus mehreren Fragen bestehen.

Sie erkennen ungebundene Aufgaben an folgenden Merkmalen:

1. Der Aufgabenstellung ist eine betriebliche Situation (Ausgangssituation in einer Musterunternehmung) vorangestellt. Darin sind die notwendigen Vorgaben und Informationen enthalten, die zur Lösung der folgenden Aufgaben (= Handlungsschritte) benötigt werden.
2. In der Regel werden die Aufgabenstellungen ergänzt durch praxisübliche Unterlagen (z. B. Belege, Formulare, Tabellen, Gesetzestexte, Schriftwechsel). Die Handlungsschritte beziehen sich auf die vorgegebene Situation.
3. Sie werden entweder als handelnde Person direkt angesprochen oder sollen sich in die Lage der handelnden Person versetzen.
4. Sie oder die in der Aufgabe handelnde Person erhalten einen konkreten Handlungsauftrag.

Ungebunden bedeutet, dass Sie an keine vorgegebene Antwort gebunden sind, also frei formulieren können und müssen. Dabei kann es sich sowohl um eigenständig formulierte längere Antworten handeln, als auch um Kurzantworten in Form eines einzigen Wortes.

Anhand der konkreten Aufgabenstellung können Sie erkennen, in welchem Umfang Sie auf die jeweilige Fragestellung antworten müssen:

Beispiel:
Kurzantwortaufgaben

Wie nennt man ... / Nennen Sie ... / Wann beginnt ... wann endet ...?

- die gewünschte Antwort erfordert lediglich eine kurze ggf. stichwortartige Antwort, eine bestimmte Angabe, bzw. eine Aufzählung:

> **Beispiel**
>
> *Aufgabe*
> Nennen Sie 4 Grundfunktionen, die ein Bordero erfüllt?
>
> *Lösungsmöglichkeit*
> 1. Auftrag für den Empfangsspediteur
> 2. Grundlage für die Abrechnung mit den Versendern
> 3. ...
> 4. ...

Bei dieser Aufgabenstellung sollten Sie die 4 Funktionen also wirklich nur nennen und nicht näher erklären. Wenn Sie darüber hinaus noch Erklärungen abgeben, erhalten Sie dadurch nicht mehr Punkte.

Fortsetzung auf der nächsten Seite

Fortsetzung

Im vorliegenden Prüfungstrainer hingegen, erhalten Sie im Lösungsteil in der Regel nicht nur die geforderte Anzahl der richtigen Antworten, sondern weitere Alternativlösungen genannt, bzw. zusätzliche Informationen, die Ihnen das Umfeld der Frage verdeutlichen. Andere Formulierungen für Aufgaben, bei denen ebenfalls nur Aufzählungen erwartet werden, könnten sein:

Zählen Sie auf, welche ...

Geben Sie ... Gründe an! / Geben Sie ... Beispiele für ...!/ Geben Sie ... Ursachen an!

Zu den Kurzantwortaufgaben gehören auch Rechenaufgaben

Errechnen Sie ... / Ermitteln Sie .../

Hierbei ist entweder eine Summe, ein Prozentsatz, ein Betrag zu errechnen.

Achten Sie darauf, die geforderte Einheit mit anzugeben, also %, €, Stück etc.

Umfangreicher beantworten müssen Sie Fragestellungen, die da lauten:

Beschreiben Sie ...

- Die Aufforderung „Beschreiben Sie ..." verlangt eine klare genaue und ausführliche Darstellung, Wiedergabe eines Vorgangs bzw. eines Ablaufs. Dazu müssen Sie Kenntnisse von wesentlichen Einzelheiten nachweisen. Sie sollen mit Ihren eigenen Worten beschreiben, wie etwas ist oder wie etwas abläuft – eine eigene Stellungnahme wird hier nicht erwartet.

Begründen Sie .../ Beurteilen Sie ...

- In Ihrer Antwort sollen Sie mit Argumenten verdeutlichen, dass Sie den Sachverhalt verstanden haben. Eine Begründung bzw. Beurteilung soll i.d.R. in ganzen Sätzen erfolgen, einem Kurzaufsatz gleich.

Erklären Sie ...

- Verdeutlichen Sie in ganzen Sätzen, dass Sie verstanden haben und erklären können, worauf es bei dem nachgefragten Begriff/ Vorgang ankommt bzw. den Nachweis erbringen können, warum etwas so oder so funktioniert bzw. nicht funktioniert.

Erläutern Sie ...

- die gewünschte Antwort soll zusätzlich zu der Begriffserklärung bzw. Vorgangsbeschreibung, das Warum, Wie, Wann, Wo, Womit, mit wem, für wen usw. enthalten.

Fortsetzung auf der nächsten Seite

Fortsetzung

Beispiel

Aufgabe

Erläutern Sie, welche Rolle das FCR für Lieferer und Empfänger spielt!

Lösungsmöglichkeit

Das FCR ist ein Dokument zur Zahlungs- und Lieferungssicherung im internationalen Handel. Es kommt i.d.R. dann zur Anwendung, wenn [...] Der Auftraggeber kann mit dem Original FCR nur solange über die Sendung verfügen, bis das Verfügungsrecht des Spediteurs durch Auslieferung [...]. Das FCR ist kein Wertpapier, da [...].

Die Antwort verlangt i.d.R. eine sehr umfangreiche Darstellung. Je nach Fragekontext kann dies u. U. auch mehrseitig in Form eines Aufsatzes sein.

Da die Antworten zu den ungebundenen Aufgaben mit eigenen Worten formuliert werden sollen, ist der Wortlaut der Lösungen in diesem Prüfungtrainer lediglich als Richtschnur zu verstehen, an der Sie sich bei der Beantwortung orientieren können.

Ebenso wie in der Prüfung finden Sie in diesem Prüfungstrainer auch gebundene Aufgaben. Gebunden (programmiert) bedeutet, dass die Ergebnisse dieser Aufgaben maschinell auswertbar sind. Um dies zu ermöglichen, müssen Sie die Ergebnisse/ Lösungen dieser Aufgaben auf einem separaten Lösungsbogen eintragen, der Ihrer Prüfung beiliegt.

Damit Sie dieses Verfahren schon einmal üben können, liegt diesem Prüfungstrainer ebenfalls ein solcher Lösungsbogen bei.

Der zurzeit am häufigsten zur Anwendung kommende Fragetyp gebundener Aufgaben in der Prüfung der Kaufleute für Spedition und Logistikdienstleistung ist die Rechenaufgabe in Offen-Antwort-Form. Daher wurde dieser Aufgabentyp vom Autor im besonderen Maße berücksichtigt.

- **Rechenaufgabe in Offen-Antwort-Form**

> **Beispiel**
>
> Das durchschnittliche gebundene betriebsnotwendige Vermögen eines Speditionsbetriebes lag im letzten Jahr bei 3,6 Mio. Euro. Die tatsächlich gezahlten Fremdkapitalzinsen beliefen sich für diesen Zeitraum auf 218.000,00 Euro. Der kalkulatorische Zinssatz wurde mit 6 ⅔ % p.a. angesetzt.
>
> Der Spediteur will nun wissen, wie viel Euro aufgrund der verrechneten kalkulatorischen Zinsen für eine Verzinsung seines Eigenkapitals angesetzt werden konnten.
>
> Ermitteln Sie die Höhe der vermuteten Eigenkapitalzinsen!

Bei den Rechenaufgaben in Offen-Antwort-Form berechnen Sie die Lösung und tragen das Ergebnis in die für die Aufgabe vorgesehenen Lösungskästchen auf dem Lösungsbogen ein. Die Lösungskästchen sind mit der jeweiligen Aufgabennummer gekennzeichnet.

Der Lösungsbogen

Die Ergebnisse der gebundenen Aufgaben werden in den Lösungsbogen übertragen (siehe Kosten- und Leistungsrechnung sowie Controlling mit Ausnahme der Fallstudie).

Beispiel:

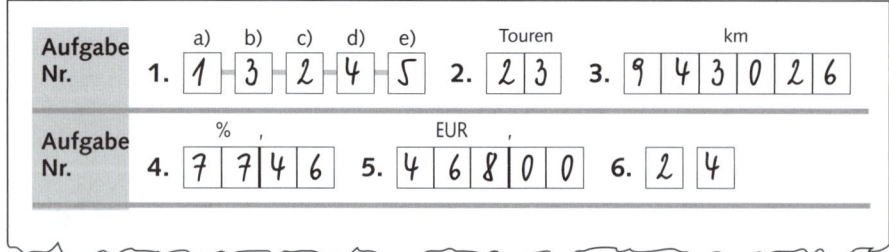

Die Offen-Antwort-Aufgabe kann auch als zusammenhängende Aufgabe vorkommen, wenn eine komplexe Situation in mehrere Rechenschritte zerlegt wurde.

Verrechnen Sie sich bei einer der Teilaufgabe, rechnen aber mit dem richtigen Rechenweg (nur mit einem falschen Ergebnis) weiter, werden die nachfolgenden „falschen Ergebnisse" als richtig gewertet.

Zu den gebundenen Aufgaben gehören auch folgende Aufgabentypen: 17

- **Mehrfachwahlaufgabe**
  Aus mehreren vorgegebenen Antworten muss die richtige bzw. die falsche ausgewählt werden

- **Mehrfachantwortaufgabe**
  Es werden mehrere Antworten vorgegeben. Davon sind mehrere richtig. Die Kennziffer der richtigen Antworten muss ausgewählt werden. Beispiel: Welche **2** Antworten sind richtig? Antwortvorschläge: **1.** ..., **2.** ..., **3.** ..., **4.** ..., **5.** ....

- **Zuordnungsaufgaben**
  Mit Nummern gekennzeichnete Begriffe bzw. Fragestellungen müssen Aussagen zugeordnet werden.

- **Reihenfolgeaufgaben**
  Durcheinandergewürfelte Elemente müssen geordnet werden, indem die Elemente der Reihenfolge entsprechend mit Ziffern versehen werden.

Verfahren Sie bei Auftreten der o.g. Aufgabentypen wie auf der Vorseite beschrieben:
Tragen Sie Ihre Ergebnisse in die dafür vorgesehenen Kästchen auf dem Lösungsbogen ein.

Was tun, wenn Sie sich verschrieben haben und ein Ergebnis korrigieren möchten?

Streichen Sie in diesem Fall das Ergebnis im Lösungsbogen deutlich durch, das Sie korrigieren möchten und schreiben Sie das neue Ergebnis darunter:

Beispiel:

Bestimmte Aufgaben nehmen Bezug auf das nachstehend beschriebene Unternehmen. Beachten Sie bitte bei diesen Aufgaben die folgende Unternehmensbeschreibung. Versetzen Sie sich in die Lage eines Mitarbeiters bzw. einer Mitarbeiterin.

01. Name: Geschäftssitz: Registergericht: Partnerspeditionen:	• SPEDAIX GmbH • Debyestraße 200, 52078 Aachen • Amtsgericht Aachen HRB 86673 • Berlin, Dresden, München, Paris, Mailand, Barcelona, Manchester, St. Petersburg, Minsk, Kairo, Kapstadt, Atlanta, Detroit, Toronto, Osaka, Hongkong, Perth
02. Steuernummer: Ust-Id-Nummer: Finanzamt: Geschäftsjahr: Stammkapital:	• 225/4556/1159 • DE 132 445 448 • Finanzamt Aachen-Außenstadt (BUFA Nr. 5225) • 1. Januar bis 31. Dezember • 120.000,00 Euro
03. Kommunikation:	• Internet: www.SPEDAIX.de • E-Mail: info@SPEDAIX.de • Tel.: +49 (0)241 4456679 • Fax: +49 (0)241 4456680
04. Bankverbindungen:	• Sparkasse Aachen BLZ 390 500 00, Konto-Nr. 434556809 • Aachener Bank BLZ 390 601 80, Konto-Nr. 1005656443 • Postbank Köln BLZ 370 100 50, Konto-Nr. 55889-103
05. Geschäftsfelder:	• Nationale und internationale Kraftwagenspeditions- und Logistikleistungen • Lagerleistungen • Full Service (Projektmanagement, Konzeptentwicklung, Prozessanalysen, Leistungsreporting) • IATA-Agentur
06. Equipment:	• Megatrailer, Tautliner • modernste Kühlauflieger, Isothermfahrzeuge • Wechselbrückensysteme • Fahrzeuge mit GPS-Bordcomputer u. Telefon • Gefahrgutausrüstung nach ADR, • Euro 5-Technologie
07. Zertifikate:	• DIN EN ISO 14001:2005 • DIN EN ISO 9001:2008
08. Berechtigungen:	• Erlaubnis nach GüKG • EU-Lizenz • CEMT-Genehmigung • Bilaterale Genehmigungen
09. Geschäftsführer:	• Dipl.-Betriebswirt Jürgen Aixner
10. Mitarbeiter:	• 23 Angestellte (Vollzeit) • 12 Angestellte (Teilzeit) • 11 Lagerarbeiter • 4 Auszubildende
11. Geschäftsbedingungen:	• ADSp – neuste Fassung • Logistik-AGB – neueste Fassung

1 Prüfungsbereich

Leistungserstellung in Spedition und Logistik

Teil A
Verkehrsträgerübergreifend

- Transport, Umschlag, Lagerleistung
- Logistische Dienstleistungen
- Marketing

Ihre Notizen

Verkehrsträgervergleich

1.01

Fall 1

Situation:

Als Mitarbeiter/-in der SPEDAIX GmbH sind Sie u. a. Ansprechpartner/-in für interkontinentale Transportlösungen. Einer Ihrer Kunden beabsichtigt, eine Stückgutsendung im Wert von 1,8 Mio. Euro von Kapstadt nach Vancouver befördern zu lassen. Er möchte von Ihnen wissen, ob unter Kostengesichtspunkten die Luft- oder Seebeförderung günstiger ist. Hierzu sind die Kosten des Transportes unter Einbezug von 5 % kalkulatorischen Zinsen (Zinsmonat 30 Tage) zu vergleichen.

Folgende Kostendaten sind bekannt:

- Der Transport mit dem Flugzeug, bei einer Hauptlaufzeit von 48 Std., verursacht Transport- und Handlingkosten von 8.220,00 Euro sowie eine Versicherungsprämie von 1.100,00 Euro.

- Der Transport mit dem Seeschiff dauert 44 Tage und verursacht Transport- und Handlingkosten von 3.200,00 Euro. Die Versicherungsprämie lautet auf 0,22 % ad valorem (vom Wert).

a) Berechnen und begründen Sie, welches Verkehrsmittel unter Kostengesichtspunkten günstiger ist.

b) Nennen Sie **5** Kriterien, die außer den reinen Transportkosten für den Vergleich der Verkehrsträger in Frage kommen.

c) In welchen Staaten liegen Versand- und Empfangsort?

d) Ihr Kunde beabsichtigt, den Transport der Sendung im Akkreditivverfahren abzuwickeln. Welche Auswirkung hätte die Verwendung eines Order-Konnossementes im Rahmen eines Dokumenten-Akkreditivs auf die Wahlentscheidung der Verkehrsträger unter a)?

Fortsetzung auf der nächsten Seite

1.01   Verkehrsträgervergleich

Fortsetzung

Fall 2

Situation:

An einem Montagmorgen erhalten Sie in Ihrer Eigenschaft als Kundenberater(in) der SPEDAIX GmbH drei verschiedene Anfragen potenzieller Neukunden:

Anfrage 1 (Hamburger Chemieunternehmen)
5 Industriepaletten Klebebänder sollen von 20253 Hamburg nach CH-8411 Winterthur geliefert werden.

Anfrage 2 (Düsseldorfer Maschinenbaubetrieb)
In einer Maschinenfabrik nahe Bukarest stehen die Fließbänder still. Über die dringend benötigten Ersatzteile teilt Ihnen der Kunde folgende Angaben mit:

Ersatzteil 1:   60 cm x 45 cm x 22 cm;   4,20 kg
Ersatzteil 2:   90 cm x 50 cm x 36 cm;   6,70 kg
Ersatzteil 3: 150 cm x 65 cm x 45 cm; 31,45 kg

Die Kolli stehen in einer Düsseldorfer Spezialwerkstatt auf Abruf bereit.

Anfrage 3 (Duisburger Schrotthändler)
2.100 t Industrieschrott sollen von 47119 Duisburg-Ruhrort nach 73207 Plochingen transportiert werden.

Die Anfrager möchten über wirtschaftlich sinnvolle Versandmöglichkeiten informiert werden.

a) Nennen und begründen Sie je Anfrage, welche Verkehrsmittel situativ sinnvoll eingesetzt werden sollten.

b) In welchen Ländern jeweils liegen bei den Anfragen 1 und 2 die Destinationen?

c) Das Hamburger Chemieunternehmen ruft Sie Ende der Woche an und teilt mit, dass die Klebebänder nun nach Chittagong geliefert werden sollen. Begründen Sie, wie Sie auf die geänderte Auftragslage reagieren!

d) In welchem Land liegt Chittagong? Beschreiben Sie den Verlauf der Beförderungsstrecke von Hamburg nach Chittagong, indem Sie mindestens 2 markante Passagen angeben.

e) Berechnen und begründen Sie das frachtpflichtige Gewicht der Sendung für die von Ihnen gewählte Versandart bei der Anfrage 2.

Einfache Preiskalkulation (Make-or-Buy-Entscheidung) 1.02

Die Papierfabrik HEIDEWIRT & Söhne in 29614 Soltau will 8 000 kg Papierrollen nach 52062 Aachen befördern lassen und beauftragt den Spediteur BUCHHOLZ in Soltau mit der Besorgung des Transportes. BUCHHOLZ überlegt, ob er ein eigenes Fahrzeug für diesen Transport einsetzen oder den Auftrag durch einen Subunternehmer ausführen lassen soll.

Folgende Angaben sind bekannt:

Angebot des Subunternehmers: 840,00 Euro (netto) Festpreis

Kalkulationsdaten des Spediteurs:

Tages-Satz: 340,00 Euro

Km-Satz: 0,82 Euro

Die Entfernung Soltau – Aachen beträgt 424 km.

a) Begründen Sie, ob BUCHHOLZ die Beförderung selber oder durch den Subunternehmer vornehmen lassen sollte.

b) Beantworten Sie außerdem folgende Fragen:

ba) Welchen Vertrag schließen die Papierfabrik und der Spediteur? Wie kommt er zustande und welche Rechtsgrundlage bildet dafür die Basis?

bb) Von welchem Recht macht BUCHHOLZ Gebrauch, wenn er die Papierrollen mit eigenem Fahrzeug nach Aachen befördert und welche Konsequenzen hat dies für seine Rechtsstellung?

bc) Ordnen Sie folgende Bundesautobahnen gemäß der Verkehrsführung beim Transport von Soltau nach Aachen:

A 2 – A 4 – A 352 – A 1 – A 7

bd) Auf der Fahrt nach Aachen werden folgende Städte passiert. Bringen Sie diese Städte in die richtige Reihenfolge:

Gütersloh – Bielefeld – Hannover – Unna – Düren – Leverkusen

1.03   Verkehrswege

Neben dem Streckennetz der Deutschen Bahn AG werden die Oberflächentransporte in Deutschland über Binnenwasserstraßen und Bundesautobahnen (sowie Landstraßen) abgewickelt. Nationale Güterbeförderungen mittels Flugzeug sind wegen der „geringen" Distanzen die Ausnahme.

a) Beschreiben Sie kurz das Richtungssystem, das der Verkehrswegeführung auf Bundesautobahnen zugrunde liegt.

b) Welche bundesdeutsche Autobahn hat mit ca. 945 km die längste Verkehrswegeführung und welche Orte bilden ihren Anfangs- und Endpunkt?

c) Die Benutzung der Bundesautobahnen ist überwiegend mautpflichtig. Welche Faktoren bestimmen die Höhe der Maut?

d) Nennen Sie **3** künstliche Wasserwege des Stromgebietes zwischen Rhein und Elbe!

e) Nennen Sie neben dem unter d) aufgeführten Stromgebiet zwei weitere Stromgebiete bundesdeutscher Wasserstraßen!

f) Nennen Sie **2** Kostenbeispiele, die für den Nutzer bundesdeutscher Wasserstraßen anfallen können.

g) Welche deutschen Nord- und Ostseehäfen sind Ihnen bekannt? Nennen Sie je zwei!

1.04   Lagerschein und Haftung des Lagerhalters

> **Situation:**
>
> Die WEISSBACH & Co. KG, 25421 Pinneberg, stellt neben Hygiene-Artikeln auch Waschpulver her. Bei der HAMBURGER LOGISTIK-UND LAGERHAUS AG, 21129 Hamburg, lässt sie größere Partien einlagern, die später kommissioniert und für eine Auslieferung an Großkunden von WEISSBACH & Co. bereit gestellt werden. Mit jeder Einlagerung erhält die WEISSBACH & Co. KG einen Lagerempfangsschein. Bei der letzten Einlagerung wurde ein Orderlagerschein (siehe Anlage) erstellt.

a) Erläutern Sie den Unterschied zwischen einem Lagerempfangsschein und dem Lagerschein. Gehen Sie dabei auf die Besonderheit des Orderlagerscheins ein!

b) Bei einer Jahresinventur bei der HAMBURGER LOGISTIK- UND LAGER-HAUS AG ergibt sich, dass durch Falschkommissionieren 9 810 kg des eingelagerten Waschmittels fehlen. WEISSBACH & Co. weisen nach, dass der durch die Fehlmengen entstandene Schaden 38.749,50 Euro beträgt.

    ba) Erläutern Sie die Haftungssituation des Lagerhalters.

    bb) Berechnen Sie die konkrete Schadenersatzleistung.

    bc) Wie kann sich der Einlagerer im Schadenfall vor wirtschaftlichen Nachteilen schützen?

Siehe Anlage auf der nächsten Seite!

HAMBURGER LOGISTIK- UND LAGERHAUS
AKTIENGESELLSCHAFT

Lagernummer
(zugleich Register-Nr.) _____
Store number
(Register number)

ORDERLAGERSCHEIN
NEGOTIABLE WAREHOUSE RECEIPT
(WARRENT)
über nachstehend bezeichnete Güter
for the goods specified below

für Firma			oder Order
for Messrs.	*Weissbach & Co., Hafenstr. 12, Pinneberg*		or to order

Marke und Nummer Marks and numbers	Zahl und Art der Kolli Number and type of packages	Inhalt nach Angabe des Einlagerers Contents as stated by the depositor	Brutto-Gewicht Kilogramm Gross weight in kilogrammes
./.	*260 Paletten zu je 300 Packungen*	*Waschpulver*	*450 kg je Palette*

Bemerkungen: *Paletten sind nicht stapelbar!!!*
Remarks:

Das Rechtsverhältnis aus diesem Lagerschein rich-
tet sich nach den Allgemeinen Deutschen Spediteurbedingungen - neueste Fassung.
Die Gesellschaft verpflichtet sich, das Gut nur
gegen Rückgabe dieses Lagerscheines und nach Maßgabe der aus ihm ersichtlichen Bedingungen an den
Einlagerer oder dessen Order auszuliefern.

The legal effects of this warrant are
regulated by „Allgemeine Deutsche
Spediteurbedingungen".

The Company undertakes to deliver the
goods to the depositor or to this order
only upon surrender of this warrant and
subject to the terms and conditions con-
tained herein.

Hamburg, den _____

Hamburg, (Date)

HAMBURGER LOGISTIK-
UND LAGERHAUS AG

****

Die Lagerordnung der Gesellschaft liegt bei der Handelskammer zur Einsicht aus.
The Company`s storage regulations are open to inspection at the Chamber of Commerce.
Rechtsverbindlich ist die Deutsche Fassung.
In case of disput the German wording shall prevail.

1.05   Lade-, Hebe- und Fördermittel in der Lagerei

Nachfolgend sind zwei Flurförderzeuge abgebildet, die im Lager der SPEDAIX GmbH Verwendung finden. Den Aushilfskräften, die seit ein paar Tagen in Ihrem Lager beschäftigt sind, sollen Sie folgende Fragen beantworten:

Förderzeug Nr. 1

Förderzeug Nr. 2

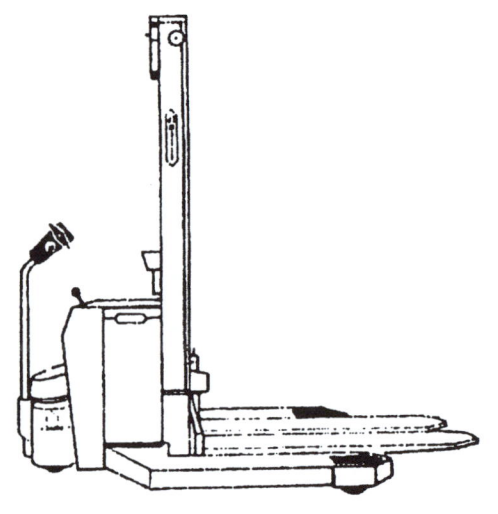

Tragfähigkeiten von 1,5 t bis 2,5 t

Tragfähigkeiten von 1,0 t bis 3,0 t

a) Wie heißen die oben abgebildeten Förderzeuge?

b) Beschreiben Sie kurz deren Handhabung und Einsatzbereich im Lager.

c) Im Lager einer großen Spedition soll ein „Stetigförderer" installiert werden. Beschreiben Sie kurz, was man darunter versteht.

d) Wofür stehen folgende Abkürzungen?
   - WB
   - WAB
   - EP

e) Welche Abmessungen, welche maximale Tragfähigkeit und wie viel Lademeter hat eine Pool-Flachpalette? Erklären Sie die Bezeichnung „Pool-Flachpalette".

Speditionsauftrag

1.06

Die auf der nächsten Seite stehende Abbildung zeigt den von der SPEDAIX GmbH verwendeten Speditionsauftrag:

a) Erklären Sie folgende Bestandteile dieses Standardvordrucks:

    aa) im Feld 21) die Abkürzung „SF"

    ab) im Feld 29) die „UN-Nr."

    ac) im Feld 30) mögliche Arten der Frankatur

    ad) im Feld 31) die Bedeutung eines Warenwertes für Güterversicherung

    ae) im Feld 32) die Bedeutung einer Versender-Nachnahme

    af) im Feld 34 den Leerraum, der mit welcher „Belehrung"
        zu versehen ist, um den ADSp 2003 zu genügen?

b) Mit der Annahme des Speditionsauftrages durch den Spediteur kommt der Speditionsvertrag zustande.
Welche Verpflichtungen gehen die Vertragspartner dadurch ein?

c) Erläutern Sie kurz den Rechtscharakter der ADSp!

Siehe Anlage auf der nächsten Seite!

Anlage zu 1.06

Speditionsauftrag

1 Versender/Lieferant   2 Lieferanten Nr.   3 Speditionsauftrag-Nr.

4 **Nr. Versender beim Versandspediteur**

5 Beladestelle   6 Datum   7 Relations-Nr.

8 Sendungs-/Ladungs-Bezugs-Nr.   9 Versandspediteur   10 Spediteur-Nr.

11 Empfänger   12 Empfänger-Nr.

SPX *Aix-la-chapelle*   **SPEDAIX GmbH Debyestraße 200 52078 Aachen**

Telefon:	**+49 (0)241 4456679**
Fax:	**+49 (0)241 4456680**
E-Mail	**info@SPEDAIX.de**

13 Bordero-/Ladeliste-Nr.

14 Anliefer-/Abladestelle   15 Versendervermerke für den Versandspediteur

16 Eintreff-Datum   17 Eintreff-Zeit

18 Zeichen und Nr.	19 Anzahl	20 Packstück	21 SF	22 Inhalt	23 Lademittel-Gewicht in kg	24 Brutto-Gewicht in kg
	25	26			27	28
Summe:		Rauminhalt cdm / Lademeter		Summen:		

29 **Gefahrgut**

UN-Nr.   Gefahrgut-Bezeichnung

Gefahrzettelmuster-Nr. _____   Verpackungsgruppe   Tunnelbeschränkungscode   Nettomasse kg/l

Hinweise auf Sondervorschriften

30 Frankatur	31 Warenwert für Güterversicherung	32 Versender-Nachnahme

33

_____

     Datum, Unterschrift

34 Wir arbeiten ausschließlich aufgrund der Allgemeinen Deutschen Spediteurbedingungen (neueste Fassung).

Bordero 1.07

In der Versandspedition M. Dudzinski e. K., 52349 Düren, wurden folgende Sendungen borderiert (Auszug):

Bordero-Nr. 03/744 Datum: 30.03.2010 Blatt: 01 Relation: OD-11	Versandspediteur: M. Dudzinski e. K. Grüner Weg 299 52349 Düren	Frachtführer: TRAPO GmbH Killewittchen 5 52249 Eschweiler	Empfangsspediteur: B. Bruhns & Co. KG Erfurter Str. 799 a 91056 Erlangen	Beim Empfänger zu erheben	

Pos.	Anzahl	Verpackung	SF	Inhalt	Gewicht in kg	Versender	Empfänger	Frankatur	steuer-pflichtig in EUR	nicht steuer-pflichtig in EUR
1	16	EP Flach	1	Farben in Eimern	5 400	Farben Moll 52349 DN	BAU GmbH 91054 ER	Frei		
2	4	EP GIBO	0	Kerzen-leuchter	1 600	Design KG 52351 DN	Wohnen KG 90473 N	Unfrei	187,50	
3	6	EP Flach	0	Drucker-papier	4 800	WW GmbH 51107 K	I. Salz e. K. 91126 SC	Frei		
4	8	Ind-Pal. Flach*	0	Hygiene-artikel	1 600	P & G AG 52080 AC	Kass GmbH 90766 FÜ	Frei		4.250,00
5	6	EP Flach	0	Werkzeug	5 400	A. WU e. K. 52062 AC	UTG GmbH 90473 N	Unfrei	211,76	
Sa.	40				18 800				399,26	4.250,00

*Hinweis: Die Industrie-Paletten der Position 4 haben ein Maß von je 100 cm x 120 cm

a) Nennen Sie vier Grundfunktionen, die ein Bordero erfüllt.

b) Erläutern Sie kurz folgende Positionen des vorstehenden Borderos:

   ba) Die Bedeutung der 4.250,00 Euro in der letzten Spalte (bei Pos. 4)

   bb) Wo haben die Empfänger der Positionen 2, 3 und 4 ihren Firmensitz?

   bc) Für welche Positionen wird B. Bruhns & Co. KG Anschlussfrachten in Rechnung stellen?

c) Der Disponent von M. Dudzinski bestellt beim Frachtführer TRAPO GmbH einen Sattelzug (Innenmaße des Sattelanhängers: 13,60 m x 2,44 m).

   Begründen Sie, ob dieses Fahrzeug für die Beförderung der 40 Paletten ausreicht.

d) Die Entfernung DN – ER beträgt 437 km. Die Frachtkosten können alternativ für diese Strecke nach dem 15 t-Satz (3,11 €/ 100 kg) oder 20 t-Satz (2,74 €/ 100 kg) abgerechnet werden.

   Ermitteln Sie das Nettofrachtentgelt für den Hauptlauf, wenn TRAPO GmbH und M. Dudzinski eine Minusmarge von 20 % vereinbart haben.

e) Auf der Fahrt von Düren nach Erlangen werden auf der A 3 folgende Städte passiert (alphabetische Reihenfolge):

   - Aschaffenburg
   - Frankfurt/Main
   - Köln
   - Limburg
   - Siegburg
   - Wiesbaden
   - Würzburg

   Bringen Sie diese Städte in die Reihenfolge der Fahrtrichtung DN – ER.

1.08 Frachtbrief

Bei den Verkehrsträgern

a) Straßengüterkraftverkehr,

b) Eisenbahnverkehr,

c) Luftverkehr,

d) Binnenschifffahrt,

e) Seeschifffahrt

kann bzw. muss der zu befördernden Sendung ein Frachtbrief beigegeben werden.
Je nach Art des Verkehrsträgers gibt es unterschiedliche Frachtbriefbezeichnungen.

Nennen Sie für die Verkehrsträger a) bis e) die jeweilige Vorschrift für die möglichen Frachtbriefe!

1.09 KEP-Dienste

Lesen Sie folgende Ausschnitte aus einem Aufsatz über KEP-Märkte und Dienste:

- „Von diesem (*gemeint ist der Stückgutverkehr*) unterscheidet sich der KEP-Markt vor allem durch eine geringere durchschnittliche Sendungsgröße und/oder der kürzeren, oft garantierten Laufzeiten. Er ist wegen der nötigen Infrastruktur (Depots, Air Hubs) und Technik (Sortieranlagen, Sendungsverfolgung) zugleich kapitalintensiver."

- „Die KEP-Dienste nach heutigem Verständnis haben ihren Ursprung in den USA und Australien, [...] Zu Beginn des 20. Jahrhunderts mussten die dortigen Ballungsräume effektiv verknüpft werden. Da die nationalen Postunternehmen dies nicht in der gewünschten Qualität leisten konnten, entstanden zunächst in den USA private Paketauslieferungsunternehmen [...]."

- „Im KEP-Markt hat sich Anbieter-unabhängig eine Produktstruktur etabliert, die sich nach Laufzeiten, Preisen und abgerufenen Zusatzdiensten differenziert. Allen Diensten ist gemeinsam, dass sie die Zustellung ihrer Sendungen gegenüber dem Auftraggeber nachweisen."

Quelle: Wohler, M., Kille, C., KEP-Märkte und Dienste, in: Gabler-Lexikon Logistik, hrsg. von Klaus, P. u. Krieger, W.,
    3. Aufl., Wiesbaden 2004, S. 231 ff.

a) Wofür steht die Abkürzung „KEP"?

b) Nennen Sie mindestens **2** der in den USA und Australien frühzeitig entstandenen privaten Paketauslieferungsunternehmen!

Fortsetzung auf der nächsten Seite

KEP-Dienste

1.09

Fortsetzung

c) Wodurch weisen die KEP-Dienste ihren Auftraggebern die Zustellung nach?

d) Ein Expressdienst bietet folgende Leistungen an:

- Sameday-Service
- Innight-Service
- Overnight-Service

Erklären Sie kurz, was mit diesen Service-Begriffen gemeint ist.

e) Anbieter von Express-Frachtsystemen sind sog. Integrators.

Erläutern Sie kurz, was ein Integrator ist.

f) Neben Systemprodukten wie leistungsfähige und engmaschige Straßen- und Flugnetzwerke bieten die Integrators auch sog. NON-SYSTEM-Produkte an:

- Technische Kurierdienste
- SWAP-Services
- Repair-Shop-Service
- Recycling-Service
- Storepart/ Emergency-Lager

Beschreiben Sie kurz, worin diese Zusatzleistungen bestehen?

Fixkostenspedition

1.10

Zwischen der SPEDAIX GmbH und deren Kunden ist die Vereinbarung eines sog. „festen Übernahmesatzes" üblich. Ihre neuen Auszubildenden bitten Sie um die Beantwortung folgender Fragen:

a) Auf welcher Rechtsgrundlage basiert eine solche Vereinbarung?

b) Welche rechtliche Wirkung hat die Fixkostenspedition für den Spediteur?

c) Welche Positionen enthält ein fester Übernahmesatz?

d) Worin liegt der Vorteil eines festen Übernahmesatzes für die Beteiligten?

e) Welchen Nachteil kann der feste Übernahmesatz für den Spediteur mit sich bringen?

HINWEIS:
Die folgende Situation ist Ausgangsbasis für die Aufgaben 1.11 – 1.16

Situation:

Die SPEDAIX GmbH stellt eine Sammelladung für 80995 München-Feldmoching zusammen.
Die Sammelladung, die insgesamt 13,8 t wiegt, enthält u. a. folgende selbstangelieferte Teilladungen:

Sendung 1: 2 Kisten Maschinenteile, 1 064 kg,
im Auftrag der Maschinenfabrik Karl-August Schulte e. Kfm., 52134 Herzogenrath,
für die APPARATEBAU GmbH, 81245 München-Obermenzing,
Frankatur: unfrei.

Sendung 2: 4 Packstücke Verpackungsmaterial, 960 kg,
im Auftrag des Speditionsunternehmens TRANSWORLD GmbH, 52080 Aachen,
für die Feinkosthandlung Arno HUBER KG, 81375 München-Hadern;
Auftraggeber der TRANSWORLD GmbH ist die Firma ALLPACK AG, 52078 Aachen,
Frankatur: frei.

Sendung 3: 1 Verschlag Leuchten, 830 kg,
im Auftrag der Firma MAGILUX OHG, 52074 Aachen,
für die Firma Hans SCHÖN & Söhne KG, 83024 Rosenheim in Oberbayern,
Frankatur: frei.

Die Sammelladung wird von der Transportunternehmung Hartwig BÖNING e. Kfm.,
52223 Stolberg, von Aachen nach München zur Speditions- und Logistik GmbH,
80995 München-Feldmoching, transportiert.

Die einzelnen Sendungen werden von der Speditions- und Logistikgesellschaft mbH,
80995 München-Feldmoching an die im Bordero genannten Empfänger zugestellt.
Gemäß Anweisung der TRANSWORLD GmbH wird die Sendung 2 nicht unmittelbar dem
Endempfänger Arno HUBER KG zugerollt, sondern der im Bordero genannten Spedition
Alfons KLEINE & Co. KG, 81373 München-Sendling, avisiert.

Sammelgutverkehr 1.11

a) Nennen Sie die Speditionsvertragspartner der SPEDAIX GmbH und die Rechtsgrundlage für diese Verträge.

b) Zwischen welchen Beteiligten kommt es ebenso zu einem Speditionsvertragsabschluss. Wie bezeichnet man diese Vertragspartner im Sammelgutverkehr?

c) H. BÖNING passiert auf seiner Fahrt nach München u. a. folgende Städte:

Worms – Stuttgart – Augsburg – Heilbronn – Ulm – Koblenz

Ordnen Sie diese Städte entsprechend dem Fahrtverlauf!

Konditionen bei Abrechnung mit Empfangsspediteur (Tarifauszüge):

Entladen und Verteilen (E + V)	Euro je angefangene 100 kg
0 – 5 000 kg	0,77
5 001 – 10 000 kg	0,73
10 001 – 15 000 kg	0,68
ab 15 001 kg	0,59

Kosten für die Zustellung beim Empfänger

bis	100 kg	10,00 Euro
bis	300 kg	13,50 Euro
bis	600 kg	15,00 Euro
ab	601 kg	22,50 Euro

Anschlussfrachten

Haustarif in Euro	800 – 850 kg	851 – 900 kg
0 – 50 km	31,20	33,16
51 – 100 km	33,08	39,45

Entfernungsmatrix (Auszug):

Entfernungen in km	80995	81245	81373	83024
52078	634			
52074				717
52080			637	
52134		634		
80995				80

Fortsetzung auf der nächsten Seite

1.11 Sammelgutverkehr

Fortsetzung

Konditionen bei Abrechnung mit Auftraggebern/ Frachtführer (Tarifauszüge):

Haustarif (je angefangene 100 kg) in Euro	ab 5 t	ab 10 t	ab 15 t	ab 20 t
0 – 50 km	1,31	1,00	0,76	0,59
51 – 100 km	1,57	1,19	0,96	0,74
501 – 600 km	6,45	5,11	4,24	3,78
601 – 700 km	6,88	5,65	4,84	4,13
701 – 800 km	7,12	6,02	5,22	4,68

Die Tarife und Entgelte verstehen sich exklusive Mautkosten.

Haus-Haus-Entgelt in Euro	701 – 800 kg	801 – 900 kg	901 – 1 000 kg	1 001 – 1 100 kg
501 – 600 km	155,40	179,86	222,54	295,76
601 – 700 km	160,20	187,60	243,67	321,66
701 – 800 km	164,84	196,53	286,12	367,85

Abrechnung mit dem Frachtführer   1.12

Die SPEDAIX GmbH hat mit dem Transportunternehmer BÖNING einen Frachtrabatt (Minusmarge) von 25 % vereinbart. Die Mautkosten für die Fahrt betragen 99,37 Euro.

Ermitteln Sie den vom Frachtführer abzurechnenden Betrag auf Nettobasis!

Nehmen Sie dazu die Angaben auf den beiden vorherigen Seiten zu Hilfe.

Rückrechnung des Empfangsspediteurs   1.13

Die Speditions- und Logistik GmbH erstellt für die SPEDAIX GmbH die Rückrechnung. Für die restlichen Sendungen der Sammelladung nimmt die Empfangsspedition 511,55 Euro (netto). Die Kosten für E + V werden für die 13,8 t summarisch ermittelt.

Erstellen Sie diese Rückrechnung an die SPEDAIX GmbH auf Nettobasis!

Nehmen Sie dazu die Angaben auf den beiden vorherigen Seiten zu Hilfe.

Abrechnung mit Auftraggebern/Zahlungspflichtigen   1.14

Die SPEDAIX GmbH rechnet ihrerseits die Kraftwagenspeditionsleistungen mit den zahlungspflichtigen Beteiligten ab. Die Sendung 2 wird zum begünstigten Beiladersatz abgerechnet, bei dem das Haus-Haus-Entgelt mit 40 % rabattiert wird.

Rechnen Sie die Sendungen für die SPEDAIX GmbH mit den Kunden bzw. Zahlungspflichtigen auf Nettobasis ab. Die vom Frachtführer durchgerechneten Mautkosten werden der Einfachheit halber gewichtsabhängig umgelegt.

Rohergebnis   1.15

Die SPEDAIX GmbH rechnet aus dem Sammelguttransport (ohne die Sendungen 1, 2 und 3) mit anderen Zahlungspflichtigen noch weitere 2.288,45 Euro (netto) ab.

a) Ermitteln Sie auf Basis aller Nettoabrechnungen das Rohergebnis des gesamten Sammelguttransportes. Etwaige Vorlaufkosten bleiben unberücksichtigt.

b) Führen Sie **2** Empfehlungen an, die das Rohergebnis noch verbessern könnten.

Vorteile des Sammelgutverkehrs   1.16

Skizzieren Sie stichwortartig die Vorteile, die der Sammelguttransport für die Beteiligten mit sich bringt. Nennen Sie je **2** Vorteile für die Beteiligten!

1.17   Hub and Spoke

In der Spedition BUCHHOLZ in 29614 Soltau diskutiert der Inhaber, Herr Buchholz, mit seinem Prokuristen, Herrn Dischinger, über die Möglichkeit der Teilnahme an Systemverkehren im Rahmen einer Spediteurkooperation. Das mittelständische Unternehmen des Herrn BUCHHOLZ hat seit einiger Zeit mit starken Schwankungen im Sammelgutverkehr zu kämpfen.

Herr Dischinger meint, „...*die Zeit ist reif für ein Umdenken. Es brächte viele Vorteile, wenn wir unsere Kleinsendungen nicht mehr selbst zu Empfangsspediteuren oder zu den Endempfängern transportieren, sondern zu einem HUB ...*"

„*Moment ...*", unterbricht ihn Herr BUCHHOLZ, „... *ich sehe darin keinen Sinn, eine Sendung, die uns für Pinneberg übergeben wird, zu einem HUB in Hannover zu befördern, die dann von dort aus über Hamburg nach Pinneberg reist – welch ein Umweg*".

a) Erläutern Sie am Beispiel des HUB & SPOKE-Systems die „sinnvollen Umwege", die zahlreiche Einzelsendungen reisen können.

b) Führen Sie **je 2** Vor- und Nachteile an, die eine Mitgliedschaft in einer Spediteurkooperation mit sich bringen kann.

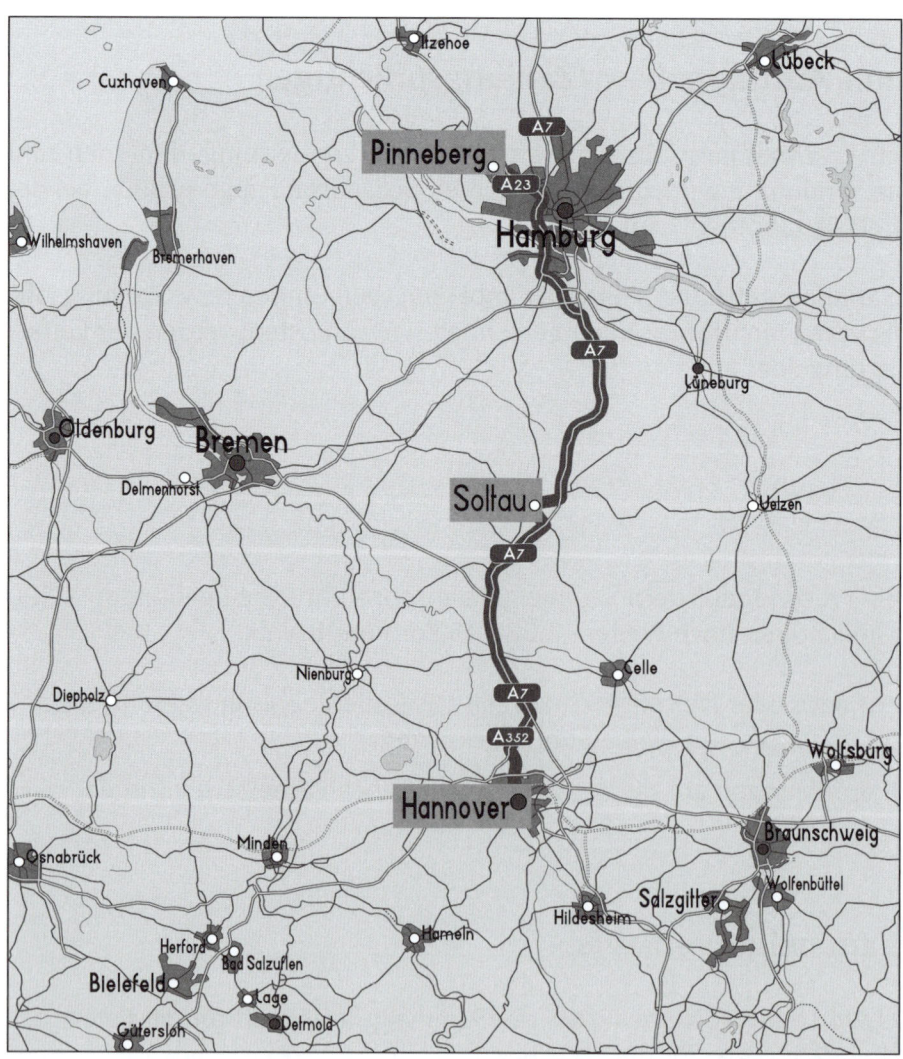

Schnittstellenkontrolle   **1.18**

Die folgende Skizze zeigt den Transportlauf einzelner Güter vom Versender bis zum Endempfänger im Systemverkehr:

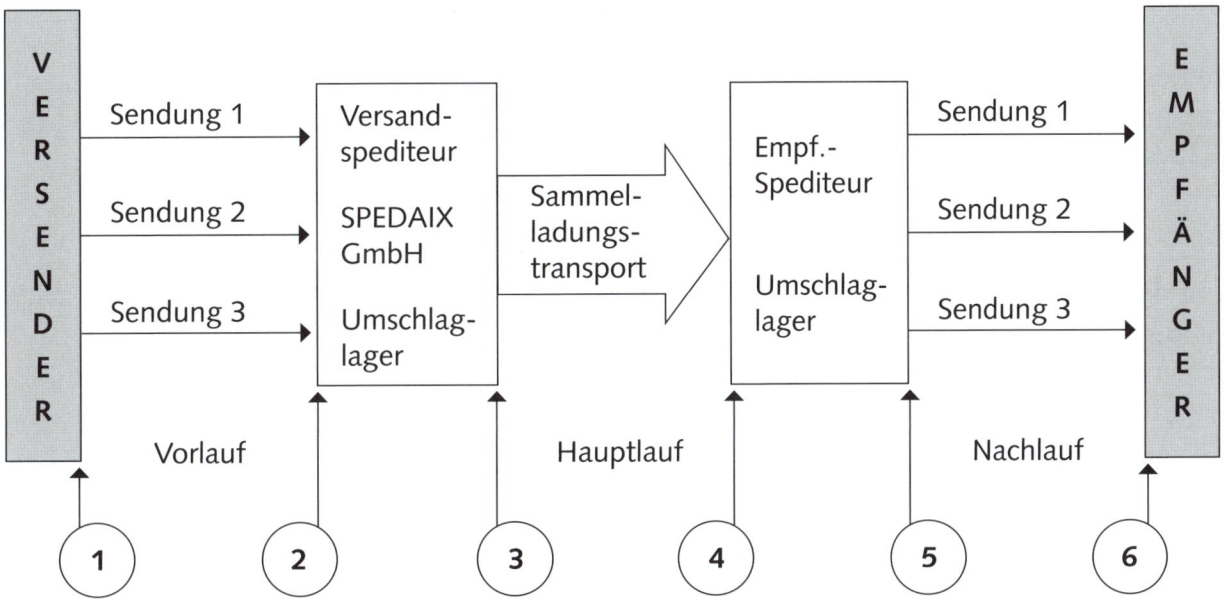

Die Kreise ① bis ⑥ zeigen Übergabepunkte an, an denen sog. Auftragskontrollen durchgeführt werden.

a) An welchen der 6 Übergabepunkte findet eine Schnittstellenkontrolle statt?

b) In welcher Rechtsgrundlage findet man die Schnittstellenregelung?

c) Wie ist die Schnittstelle dort definiert?

d) Erläutern Sie, was an einer Schnittstelle zu kontrollieren ist.

e) Welche rechtliche Bedeutung hat die Schnittstelle?

1.19   Zollabfertigung

Fall 1

Aus Kapstadt (Südafrika) wurden elektrische Heckenscheren über Bremen von einem deutschen Importeur aus Aachen importiert. Die Sendung befindet sich noch im Zolllager Bremen. Der Warenwert beträgt lt. Handelsrechnung 546.865 ZAR (FOB Kapstadt).

Weitere Kosten sind:

Position	Betrag	Währung
Seefracht	1.990,00	USD
Seetransportversicherung	120,00	EUR
Nachlauf bis Aachen (T 1)	440,00	EUR
Zollabfertigung durch deutschen Spediteur	99,00	EUR

Zusätzliche Angaben:

1 EUR   = 1,20664 USD/9,9430 ZAR

Zollsatz   = 1,5 % (ermäßigter Satz)

USt-Satz = 19 %

a) Ermitteln Sie unter Berücksichtigung der vorstehenden Angaben (Handelsrechnung wird als Transaktionswert anerkannt) ...

    aa) den Zollwert,

    ab) den Zoll,

    ac) den EUSt-Wert,

    ad) die EUSt.

> **HINWEIS:**
>
> Zur Ermittlung von Zwischenergebnissen mit sämtlichen Nachkommastellen rechnen. Zur Berechnung von Endergebnissen auf zwei Stellen nach dem Komma runden!

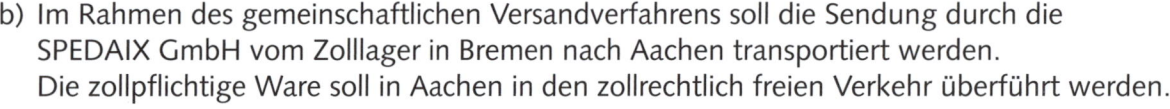

b) Im Rahmen des gemeinschaftlichen Versandverfahrens soll die Sendung durch die SPEDAIX GmbH vom Zolllager in Bremen nach Aachen transportiert werden. Die zollpflichtige Ware soll in Aachen in den zollrechtlich freien Verkehr überführt werden.

    Erläutern Sie, wie die Identität der in Bremen übernommenen Ware nach Durchführung des Versandverfahrens in der Bestimmungszollstelle in Aachen geprüft werden kann.

c) Die Zollabwicklung ist heutzutage durch Teilnahme an einem elektronischen IT-Verfahren möglich. Wie heißt dieses Verfahren?

d) Für die Sendung wurde ein EUR.1-Formular ausgestellt. Erläutern Sie kurz den Zweck dieses Dokumentes!

Fortsetzung auf der nächsten Seite

Zollabfertigung

Fortsetzung

Fall 2

Zur Bearbeitung eines Import-Auftrags liegt Ihnen folgende Handelsrechnung vor:

EXPORTER			Invoice No. & Date GH/339/F 2010-03-30	Exporter's Ref. TTZ 65821
P. W. BORFIELD, INC. 334 South Park Lane NEW-YORK, NY 11760, U.S.			Buyers Order No. & Date TG 39-334 2011-03-12	
			Other Reference(s) PO: 118417	
Consignee Horst Schlämmer Jakobsweg 42 D41515 Grevenbroich			Buyer (if other than consignee) As CONSIGNEE	
			Country of Origin U.S.	Country of Final Destination GERMANY
Pre-Carriage by BY SEA	Place or Receipt by Pre-Carrier NEW-YORK U.S.		Terms of Delivery and Payment FOB NEW-YORK c.a.d.	
Vessel/Flight No Hobbing	Port of Loading NEW-YORK U.S.			
Port of Discharge Hamburg GERMANY	Final Destination Grevenbroich GERMANY			
Marks & Nos./ Container No	No. & Kind of Pkgs	Description of Goods	Quantity PCS	Rate	Amount FOB US-$

Marks & Nos./ Container No	No. & Kind of Pkgs	Description of Goods	Quantity PCS	Rate	Amount FOB US-$
Cyx	60 Cartons	Special tools for textile machines	6000		11.490,00
TOTAL	60 Cartons	TOTALPCS	6000		
				Total FOB Value USD	11.490,00
Amount Chargeable (in words)				TOTAL USD	11.490,00

TOTAL: ELEVENTHOUSENDFOURHUNDREDNINTY

Declaration

We hereby certify this invoice to be true and correct.

Signature & Date
P. W. BORFIELD, INC.
2011-03-30

Zusatzangaben:

Seefracht N.Y. – HH:	588,00 USD	Zoll: 4 %	
Umschlag HH:	76,50 EUR	1 EUR = 1,20664 USD	
Fracht HH – Grevenbroich:	177,45 EUR	Rechnungspreis = TAW	
USt: 19 %			

a) Erklären Sie die Abkürzungen TAW und c.a.d.

b) Berechnen Sie den EUSt-Wert.

Fortsetzung auf der nächsten Seite

1.19 — Zollabfertigung

Fortsetzung

Fall 3

Der Uhrenhersteller Feininger OHG in 70469 Stuttgart-Feuerbach bezieht aus den USA (Savannah) eine Sendung mit 8 Kisten Feinmechanik. Folgende Angaben sind bekannt:

Drittlandszollsatz: 6 %
EUSt-Satz: 19 %

Rechnungspreis (EXW Savannah):   34.500,00 USD

Folgende Lieferungskosten fallen an:

- Fracht in Savannah: 310,00 USD
- Ladekosten in Savannah: 210,00 USD
- Seefracht Savannah – Rotterdam: 920,00 USD
- Entladekosten in Rotterdam: 180,00 EUR
- LKW-Fracht Rotterdam – Stuttgart: 492,00 EUR
  davon Frachtanteil
  Rotterdam – Aachen-Lichtenbusch: 1/3
  Aachen-Lichtenbusch – Stuttgart: 2/3

1 Euro = 1,20664 USD

a) Ermitteln Sie den EUSt-Wert.

b) Ermitteln Sie den Statistischen Wert (Grenzübergangswert frei deutsche Grenze).

c) Wie hoch ist die Summe der Eingangsabgaben?

Passive Veredelung   1.20

Die Textilfabrik BECKER KG, 52078 Aachen, produziert feine Tuchstoffe, die in Fernost zu modischer Kinderkleidung verarbeitet und anschließend wieder nach Deutschland verbracht werden sollen, um sie im EU-Gebiet veräußern zu können.

Bei der letzten Lieferung aus Fernost wurde für die fertige Kinderbekleidung ein Zollwert von 480.000,00 € festgestellt; der Zollsatz lag bei 6 %. Der Wert der Tuchstoffe, die zuvor nach Fernost zur Veredelung verbracht wurde, lag bei 178.500,00 €. Für diese Art von Tuchstoffen existiert ein Zollsatz von 4,5 %.

a) Nennen Sie zwei Gründe, die die BECKER KG veranlasst haben, die Tuche in Fernost veredeln zu lassen.

b) Geben Sie eine allgemeine Umschreibung für passive Veredelung.

c) Erklären Sie kurz den grundsätzlichen Unterschied zur „aktiven" Veredelung.

d) Errechnen Sie den Differenzzoll, den die Firma BECKER KG bei „Wiedereinfuhr" der veredelten Tuche abzuführen hat.

Spediteurversanddokumente   1.21

Im Rahmen eines multimodalen Transportes soll das auf der folgenden Seite abgebildete Dokument eingesetzt werden:

a) Um welches Papier handelt es sich? (Nennen Sie die deutsche Übersetzung der Abkürzung FCR.)

b) Das FCR zählt zu den FIATA-Versandpapieren. Wer oder was ist die FIATA?

c) Wer ist hier Aussteller des FCR?

d) In welchem Land wohnt der Empfänger der Ware?

e) Erklären Sie kurz die Bedeutung der Frankaturvorschrift auf dem FCR.

f) Erläutern Sie, welche Rolle das FCR für Lieferer und Empfänger spielt.

Anlage zu 1.20

Lieferanten bzw. Auftraggeber des Spediteurs
Suppliers or Forwarders Principals:

WERKZEUG AG
Ellund-Weg 7
24107 Kiel

Empfänger
Consignee

P. F. Snjowczek
Roskowidce 7
Minsk
Belarus

FIATA FCR

Forwarders | No 6775/43 | DE
Certificate of Receipt
ORIGINAL Ref. No. Z5/03/30

GO EAST GmbH
Internationale Spedition
Am Süderbilk 53 – 55
24107 Kiel

Die Durchführung des Auftrages erfolgt auf Grund der umseitig abgedruckten Allgemeinen Bedingungen.
The goods and instructions are accepted and dealt with subject to the General Conditions printed overleaf.

Zeichen und Nummern; *Marks and numbers;*	Anzahl/Verpackungsart *Number and kind of packages*	Inhalt *Description of goods*	Bruttogewicht *Gross weight*	Maß *Measurement*
ZZ/Wkz	6 EP	Bohrmaschinen Typ XB 555	3.250 kgs	

laut Angaben des Versenders
according to the declaration of the consignor

Wert / *Value* 59.400 €

Wir bescheinigen hiermit die oben bezeichnete Sendung in äußerlich guter Beschaffenheit übernommen zu haben

We certify having assumed control of the above mentioned consignment in external apparent good order and condition

mit der unwiderruflichen Weisung*
with irrevocable instructions

zur Verfügung des Empfängers *at the disposal of the consignee* ☐

zum Versand an den Empfänger *to be forwarded to the consignee* ☒

* Die Weisung zur Beförderung kann nur gegen Rückgabe der Original-Bescheinigung widerrufen oder abgeändert werden, und nur soweit und solange als der ausstellende Spediteur noch ein Verfügungsrecht über die bezeichnete Sendung besitzt.
Die Weisung zur Verfügungstellung an den angegebenen Dritten kann nur gegen Rückgabe der Original-Bescheinigung widerrufen oder abgeändert werden, und nur solange, als die Verfügung, des begünstigten Dritten noch nicht beim ausstellenden Spediteur eingegangen ist.

* Forwarding instructions can only be cancelled or altered if the original Certificate is surrendered to us, and then only provided we are still in a position to comply with such cancellation or alteration.
Instructions authorizing disposal by a third party can only be cancelled or altered if the original Certificate of Receipt is surrendered to us, and then only provided we have not yet received instructions under the original authority.

(falls erforderlich, Angaben über den Transportweg und Transportmittel)
Besondere Angaben
Special remarks

Frankatur- und Spesenvorschrift
Instructions as to freight and charges

EXW

Ort und Datum / *Place and date of issue*
Kiel, 2011-03-30

Stempel und rechtsgültige Unterschrift
Stamp and authorized signature

GO EAST GmbH
Internationale Spedition

ppa.

FIATA Reg. No. A

024160

Text authorized by FIATA. COPYRIGHT FIATA / Zürich - Switzerland 6.89
Exclusive selling rights for the Federal Republic of Germany
by Verein Hamburger Spediteure e.V., Ost-West-Str. 69, 20457 Hamburg, Phone (040) 37 47 64-0

Dokumentenakkreditiv 1.22

Situation:

In der SPEDAIX GmbH betreuen Sie als Key-Account-Manager(in) die Exportgeschäfte der M-SKOPIA AG, Aachen. Im Zusammenhang mit der Besorgung eines Übersee-Geschäftes geht Ihnen das auf der nächsten Seite abgebildete Akkreditv-Eröffnungsschreiben zu.

a) Welche Art des Akkreditivs liegt hier vor?

b) Benennen Sie die Beteiligten dieses Dokumentenakkreditivs:

   ba) Wer ist Antragsteller für die Eröffnung des Akkreditivs?

   bb) Wer ist hier die Akkreditiv-Bank, wer die Akkreditiv-Stelle?

   bc) Wer ist der Akkreditierte?

c) Wann müssen der Akkreditiv-Stelle die im Akkreditiv beschriebenen Dokumente spätestens vorgelegt werden (Datum)?

d) Erläutern Sie die im Eröffnungsschreiben angegebene Lieferbedingung!

e) Warum lautet das Versicherungszertifikat über 110 % des CIF-Wertes?

f) Unter welcher Voraussetzung sind vom Spediteur ausgestellte Versanddokumente akkreditivfähig?

g) Die Akkreditiv-Stelle nimmt eine sog. „Konformitätsprüfung" vor. Was versteht man darunter und welche Bedeutung hat diese Prüfung für den organisierenden Spediteur?

h) Was bedeutet der im Eröffnungsschreiben erwähnte Zusatz „Order-B/L nicht zugelassen"?

i) Über welche Häfen kann die Sendung lt. Eröffnungsschreiben verschifft werden?
Nennen Sie mindestens zwei!

j) Prüfen und begründen Sie, ob bzw. warum für die Exportsendung eine Ausfuhranmeldung erstellt werden muss!

Akkreditiv-Eröffnungsschreiben zu Aufgabe 1.22

Chase Manhattan BANK
J.P. Morgan Chase & Co.

1 Chase Manhattan Plaza
New York, NY 10005 U.S.A.

Unwiderrufliches Dokumentenakkreditiv   **Nr. 6659/Vc/908**

Wir haben ein unwiderrufliches Dokumentenakkreditiv eröffnet

zu Gunsten von	M-SKOPIA AG, Nizzaallee 456, 52078 Aachen
Bezogener	HENSON Laboratories Ltd., 49 Davis Avenue, Port Washington, NY 11050
Warenbeschreibung	350 Spezial-Mikroskope, Typ GF-997, je 5,5 kg, Gesamtgewicht 1.925 kg
über einen Betrag von	520.800,00 EUR
gültig bis	2011-04-30
bestätigt durch	Bankhaus LAMPE & Söhne, Debye-Str. 299, 52080 Aachen
Lieferbedingung	CIF New York

Einzureichende
Dokumente

- Unterschriebene Handelsrechnung (dreifach)
- Zollfaktura (dreifach)
- Packliste (einfach)
- Versicherungszertifikat als Inhaberpapier über 110 % des CIF-Wertes, volle Deckung nach ADS 1994, zusätzlich Streik-Klausel, zweifach, Prämienzahlung ist nachzuweisen
- Voller Satz (3/3) reine An-Bord-Konnossemente mit vorausbezahlter Fracht zu Gunsten von HENSON Laboratories Ltd., 49 Davis Avenue, Port Washington, NY 11050, Order-B/L nicht zugelassen

Verladedatum	B/L datiert bis spätestens 2011-03-30
Transportweg	Aachen, westeuropäischer Hafen nach NY; USA, Umladen nicht erlaubt, Teillieferungen nicht erlaubt
Vorlage der Dokumente bis bei (Zahlstelle)	spätestens 21 Tage nach dem Tag der Verladung Bankhaus LAMPE & Söhne, Debye-Str. 299, 52080 Aachen

Wie verpflichten uns hiermit, dass Zahlung geleistet wird gegen Einreichung von Dokumenten in Übereinstimmung mit den Bedingungen dieses Akkreditivs.

Chase Manhattan Bank
J.P. Morgan Chase & Co. New York, 2011-02-28

W. Cooper

Diesem Akkreditiv liegen die Einheitlichen Richtlinien und Gebräuche für Dokumenten-Akkreditive (ERA 600) zu Grunde.

Lieferfristüberschreitung 1.23

Situation:

Am Montagmorgen, den 17.03. d. J. fragt ein Versender bei der SPEDAIX GmbH an, ob eine zur Verladung bereit stehende Sendung bis spätestens Dienstag, den 18.03. d. J. um 15.00 Uhr beim Empfänger zugestellt werden kann? Sie als zuständige(r) Mitarbeiter/-in sagen zu, dass diese Zeitspanne gemäß der Tourenplanung des Disponenten eingehalten werden kann.

Trotz der Terminzusage kommt es zu einer verspäteten Ablieferung, da die Sendung auf Ihrem Umschlaglager fehlverladen wurde und deshalb erst am Mittwochnachmittag zugestellt werden kann. Der Versender macht Schadenersatzansprüche in Höhe einer an den Empfänger zu zahlenden Konventionalstrafe von 17.500,00 Euro geltend.

Folgende Daten sind bekannt:

Gewicht der Sendung (in kg): 1 090

Wert der Sendung (in EUR) : 4.940

Frachtkosten (in EUR): 195

a) Welche Art des Schadens ist hier eingetreten?

b) Erklären Sie kurz den Begriff „Konventionalstrafe".

c) Begründen Sie, ob Sie dem Versender eine Lieferfrist garantiert haben.

d) Berechnen und begründen Sie, in welcher Höhe die SPEDAIX GmbH Schadenersatz zu leisten hat, wenn sie

    da) den Versandauftrag im Rahmen einer „reinen" Besorgertätigkeit bewirkt hat und weder Sammelgut- noch Fixkostenspedition vorliegt,

    db) den Versandauftrag im Selbsteintritt, als Sammelgut- oder Fixkostenspediteur ausgeführt hat.

e) Wie ist die Haftungssituation, wenn sich der Verspätungsschaden während des Transportes ergibt (z. B. Verkehrsstau)?

Be- und Entladung 1.24

Die SPEDAIX GmbH hat den Transportunternehmer SENDLING mit der Beförderung einer Direktzustellung beauftragt. Es werden insgesamt 22 ungleichgewichtige Euro-Paletten auf einen Gliederzug verladen.

Nach der Beladung stellt der Fahrer fest, dass der Anhänger eine nach links geneigte Schieflage zeigt, was, seiner Meinung nach, durch die ungleichmäßige Gewichtverteilung der Paletten zu erklären ist.

a) Erläutern Sie, wer für die Verladung der Güter verantwortlich ist.

b) Nachdem der Gliederzug gleichmäßig beladen wurde, tritt der Fahrer seine Fahrt an und erreicht nach dreistündiger Fahrt die Laderampe des Empfängers. Dieser weigert sich jedoch mit dem Hinweis, über keinerlei Förderzeuge zu verfügen, die Entladung vorzunehmen.

    Erläutern Sie, wer für die Entladung der Güter verantwortlich ist.

1.25   Erlaubnis nach GüKG

Situation:

Erwin JAROSCH hat nach erfolgreichem Abschluss seiner Prüfung zum „Kaufmann für Spedition und Logistikdienstleistung" einige Zeit im elterlichen Speditionsbetrieb in verantwortlicher Stellung gearbeitet und übernimmt zum 31.03. d. J. den Betrieb, da sich die Eltern zur Ruhe setzen wollen. Bis auf einen Firmen-PKW verfügt der Betrieb über keinerlei Fahrzeuge. JAROSCH möchte die Spedition im Selbsteintritt ausüben, und bemüht sich um eine „Güterkraftverkehrserlaubnis".

Den Unterlagen fügt er folgende Zwischenbilanz bei:

Bilanz der Spedition E. JAROSCH e. K., 52249 Eschweiler, Quellstraße 82, zum 31.03.20..			
Aktiva	**Beträge in €**	**Passiva**	**Beträge in €**
Anlagevermögen:		Eigenkapital:	5.920,00
Büroausstattung	8.000,00	Fremdkapital:	
Fuhrpark (Firmen-PKW)	4.400,00	Bankschulden	21.440,00
Umlaufvermögen:		Verbindlichkeiten a. LL	9.280,00
Forderungen a. LL	11.600,00	Umsatzsteuerzahllast	320,00
Kasse	960,00		
Bankguthaben	12.000,00		
Summe der Aktiva:	36.960,00	Summe der Passiva:	36.960,00

Privat verfügt JAROSCH über diverse Sparbriefe und Aktien im Gesamtwert von aktuell 77.600,00 €, Schulden hat er nicht.

a) Bei welcher Behörde muss JAROSCH den Antrag stellen?

b) Welche Voraussetzungen muss JAROSCH für die Erteilung der Erlaubnis erfüllen?

c) Erläutern Sie, wie (mit welchen Unterlagen) JAROSCH den Nachweis über das Vorliegen dieser Voraussetzungen führen kann.

d) Wozu berechtigt die Erlaubnis und wie lange ist sie gültig?

e) In welcher Vorschrift ist geregelt, wie JAROSCH seine fachliche Eignung nachweisen kann? Nennen Sie drei Möglichkeiten für den Nachweis.

f) Die Erlaubnisbehörde weist den Antrag von Erwin JAROSCH mit folgenden Begründungen ab:

- Die finanzielle Leistungsfähigkeit ist nicht gegeben.
- Mehrere Verwarnungen wegen Falschparkens wurden festgestellt.

Erläutern Sie, ob JAROSCH die Antragsablehnung hinnehmen muss.

EG-Sozialvorschriften   **1.26**

Als Disponent/-in der SPEDAIX GmbH sind Sie auch zuständig für die Schulung des Fahrerpersonals. In Ihrer nächsten Unterweisung wollen Sie die Bestimmungen der EG-Sozialvorschriften besprechen. Um die einzelnen Vorschriften optisch zu veranschaulichen wählen Sie folgende Übersicht:

EG-Sozialvorschriften: Gültig ab dem 11. April 2007 **Verordnung 561/2006**		
Geltung: Fahrzeuge zur Güterbeförderung mit oder ohne Anhänger/Sattelanhänger mit mehr als 3,5 t Gesamtgewicht		
Mindestalter des Fahrers bei Fahrzeugen	bis 7,5 t	Jahre
	über 7,5 t	Jahre
Lenkzeit	täglich	Std.
		2 x wöchentlich Std.
	wöchentlich	Std.
	in Doppelwoche	Std.
Unterbrechung der Lenkzeit	Nach einer Lenkzeit von	Std.
	Lenkzeitunterbrechung mindestens	Min. aufteilbar in Teilunterbrechungen von zuerst Min. und dann Min.
Tägliche Ruhezeit	1 Fahrer	• Mindestens zusammenhängende Std., • maximal drei reduzierte Ruhezeiten von Std. zwischen den wöchentlichen Ruhezeiten. • Aufteilung in zwei Teilabschnitte möglich und zwar in dieser Reihenfolge: • Zuerst ununterbrochene Std. und dann ununterbrochene Std.
	Doppelte Besatzung	Mindestens Std. Ruhezeit innerhalb eines Stundenzeitraumes nach dem Ende einer täglichen oder wöchentlichen Ruhezeit.
Wöchentliche Ruhezeit		Spätestens nach sechs -Stunden-Zeiträumen nach Ende der vorangegangenen wöchentlichen Ruhezeit. Mindestens zusammenhängende Std., inklusive der Tagesruhezeit. Innerhalb von zwei aufeinander folgenden Wochen hat der Fahrer folgende Ruhezeiten einzuhalten: zwei regelmäßige wöchentliche Ruhezeiten oder eine regelmäßige wöchentliche Ruhezeit und eine reduzierte wöchentliche Ruhezeit von mindestens Std.
Arbeitszeitnachweis durch:		EG-Kontrollgerät

Vervollständigen Sie diese Übersicht durch Eintragen der jeweiligen Zeiten!

1.27   **Luftfrachtvertrag**

HELLMANN & BRAUN OHG beauftragen die SPEDAIX GmbH mit der Besorgung eines Lufttransportes. Die Sendung soll aus Deutschland nach Singapur zur WU-XIUNG Company verbracht werden. Die SPEDAIX GmbH beauftragt als IATA-Agent die LUFTHANSA Cargo AG mit der Durchführung des Auftrages.

a) „Who is Who?" im Luftfrachtvertragsrecht:

   aa) Nennen Sie die vertraglichen Beziehungen zwischen den Beteiligten.

   ab) Wer wird im Einzelnen als

   • carrier

   • issuing carrier's agent

   • consignee

   • shipper

   bezeichnet?

b) Welche Rechtsgrundlagen sind beim Luftfrachtvertrag zu beachten?

c) Welches Beförderungspapier wird ausgestellt? Nennen Sie die Anzahl der Originale. Für wen sind diese jeweils bestimmt?

d) Nach welchem Tarif wird die Luftfracht berechnet? Beschreiben Sie den Aufbau des Tarifs am Beispiel der

   • General Cargo Rates

   • Specific Commodity Rates

e) Die Sendung von HELLMANN & BRAUN OHG besteht aus den folgenden drei Packstücken:

   • 1 Kiste, 95 cm x 80 cm x 40 cm, Gewicht 35 kg

   • 1 Kiste, 95 cm x 80 cm x 40 cm, Gewicht 25 kg

   • 1 Kiste, 80 cm x 25 cm x 20 cm, Gewicht 55 kg

   Begründen und berechnen Sie, ob die Sendung im Tarifsinne sperrig ist.

Seefrachtvertrag

1.28

Die folgende Situation bezieht sich auch auf die Aufgabe 1.29

> **Situation:**
>
> Der Kölner Kaufmann Josef SCHMITZ e. K. exportiert weltweit Spezialpumpen, die im Bergbau zur Entwässerung von Schächten und Gruben eingesetzt werden. Seit Jahren schon liefert SCHMITZ diese Pumpen in den asiatischen Raum an seinen Vertragspartner HK MINING Inc. Über die Reederei EURASIA Schifffahrt-Kommanditgesellschaft a. A. werden die Pumpen FOB Hamburg nach Hongkong verfrachtet. Mit der Anlieferung der Pumpen und der vertraglichen Abwicklung beauftragt SCHMITZ die Seehafenspedition FOSSKUHL & Co. KG in Hamburg.

a) Nennen Sie die vertraglichen Beziehungen aller Beteiligter. Wer tritt als Befrachter, Verfrachter, (Dritt-)Ablader auf?

b) Erläutern Sie die Klausel „FOB Hamburg".

c) Die Vertragspartner einigen sich darauf, dass kein Konnossement ausgestellt wird. Welche Gründe – nennen Sie mindestens zwei – dafür sind denkbar und welches Dokument kann ersatzweise ausgestellt werden?

d) Die dokumentäre Abwicklung erfolgt über das BOLERO-System, dem alle Beteiligten angeschlossen sind. Erläutern Sie kurz die Funktionsweise dieses Systems und nennen Sie die Voraussetzungen, derer es bedarf.

e) Welche Vorteile bringt das BOLERO-System? Nennen Sie mindestens drei.

1.29

Die Spezialpumpen werden in drei Kisten als eine Sendung nach Hongkong exportiert.
FOB-Wert der Sendung: 43.000,00 €.

1. Kiste: 1 850 kg   Maße 160 cm x 140 cm x 150 cm

2. Kiste: 2 190 kg   Maße 230 cm x 200 cm x 180 cm

3. Kiste: 3 000 kg   Maße 150 cm x 100 cm x 170 cm

Seefrachtraten der EURASIA Schifffahrtkommanditgesellschaft a. A.:

FOB-Wert je FRT (in €)	Frachtrate in € M/G
bis 1.000,00	55,00
bis 2.000,00	70,00
ab 2.000,00	95,00

Zuschlag auf die Grundfracht: 12 % BAF

a) Erklären Sie die Abkürzungen FRT, M/G und BAF.

b) Berechnen Sie die zu zahlende Seefracht.

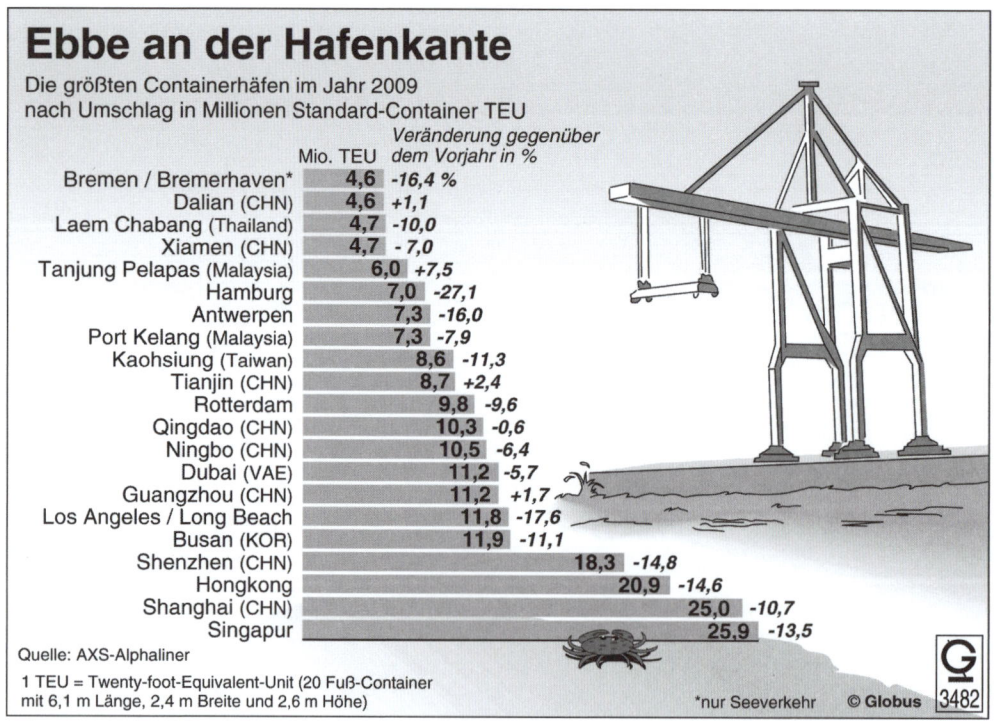

Container   **1.30**

In kombinierten, multimodalen Land-, See- und Luftverkehren werden die unterschiedlichsten Container als Lademittel eingesetzt.

a) Für ein Seeschiff soll eine Ladung von 1.360 TEU zusammengestellt werden. Geben Sie an, welche und wie viele der folgenden Containerarten hierfür infrage kommen. Begründen Sie kurz Ihre Antwort.

- 40' Container
- LD 3-Container
- LD 7-Container

b) Folgende Güter sollen für den Seetransport containerisiert werden:

   ba) 18 000 Liter flüssige Chemikalien

   bb) 14 000 kg TK-Kost mit einer Bedarfstemperatur von – 15 ° C

   bc)   8 t Granulat

   bd) Stahlkonstruktion für einen Kuppelbau
         (Durchmesser 9,10 m, max. Höhe 1,75 m, Gewicht 18,5 t)

   Schlagen Sie geeignete Containerarten vor und begründen Sie Ihre Entscheidung.

c) Übersetzen Sie folgende im Containerverkehr gebräuchliche Fachausdrücke und Abkürzungen:

   ca) ALPHA PREFIX
   cb) C.F.S.
   cc) Detention charge
   cd) stacking cones
   ce) stripping and stuffing
   cf) Van-Carrier

1.31 Versicherungsarten

Um den am Güterverkehr beteiligten Partnern für den Schadensfall Versicherungsschutz zu bieten, existieren im Speditionsgewerbe unterschiedliche Möglichkeiten der Versicherungen im Cargo-Bereich.

Prüfen Sie in den unten stehenden Fällen

a) ob eine Versicherung Pflicht oder Gebot ist,

b) welche Art folgender Versicherungen infrage kommt

- Güterschadenhaftpflichtversicherung
- Haftungsversicherung
- Güterversicherung

c) wer Versicherter und Prämienzahler ist,

d) welche Schadensarten versichert sind.

Fall 1
Spediteur HANSEN schließt mit seinen Auftraggebern Verkehrsverträge auf Basis der ADSp 2003 ab.

Fall 2
Eva IMHOFF, gelernte Kauffrau für Spedition und Logistikdienstleistung, gründet ein Transportunternehmen und beantragt die Erlaubnis für den gewerblichen Güterkraftverkehr.

Fall 3
Spediteur HANSEN beantragt die Erlaubnis für den gewerblichen Güterkraftverkehr.

Fall 4
Kunde WEISSBACH übergibt seinem Spediteur wertvolles Gut für einen LKW-Auslandstransport.

1.32 Haftungsversicherung

Fall 1

Die Haftungsversicherung ermöglicht, dass der Spediteur seinen Verpflichtungen aus verkehrsvertraglicher Haftung nachkommen kann.

a) Spediteur HANSEN betreibt neuerdings neben der LKW-Sammelladung auch Luftfracht-Sammelladung. Wie und wann erlangt HANSEN im Rahmen seiner Haftungsversicherung für das neue Geschäftsfeld Versicherungsschutz?

b) Nachdem HANSEN für sein neues Tätigkeitsfeld Versicherungsschutz erlangt hat, kommt es zu einem Schaden an internationalem Luftfracht-Sammelgut. Die Sendung eines Versenders (60 kg, Wert 12.000,00 €) wird im Terminal des Abgangsflughafens total beschädigt. Der Versender ist Verzichtskunde.

In welcher Höhe leistet die Haftungsversicherung Schadenersatz, wenn HANSEN eine Selbstbeteiligungsquote von 15 % (mindestens aber 150,00 €, höchstens jedoch 2.500,00 €) mit seiner Versicherung vereinbart hat? Begründen Sie Ihre Berechnung (1 SZR = 1,2237 €).

Fortsetzung auf der nächsten Seite

Haftungsversicherung

1.32

Fortsetzung

Fall 2

Die im Selbsteintritt tätige SPEDAIX GmbH arbeitet auf Basis der ADSp 2003 und hat ihre Haftungsversicherung bei der SECURIANA Versicherungs-AG gezeichnet.

Für den Monat März 2010 meldet sie folgende Güterschäden:

Fall	Schadensort	Gewicht der beschädigten Sendung in kg	Ersatzwert der beschädigten Güter in Euro	Schadenersatzleistung der Versicherung mit (brutto) und ohne (netto) Selbstbeteiligung in Euro	
				brutto	netto
1	Umschlagslager Aachen	500	2.200,00		
2	Transportstrecke (innerdeutscher GKV)	3 000	150.000,00		
3	Transportstrecke (grenzüberschreitender GKV)	1 600	22.800,00		
4	Umschlagslager Aachen	3 600	38.000,00		
	Summen:				

Hinweise:

GKV = Güterkraftverkehr
1 SZR = 1,20000 Euro

Für innerdeutsche Transporte wurde im Rahmen des Haftungskorridors für Güterschäden eine Maximalhaftung von 34 SZR je kg Rohgewicht des beschädigten Gutes vereinbart. Als Selbstbeteiligung wurden 10 % von der Leistungssumme, mindestens aber 200,00 Euro höchstens jedoch 3.000,00 Euro vereinbart.

Die Haftung ist in allen Fällen (1 bis 4) gegeben. Unabwendbare Ereignisse oder gar Haftungsausschlüsse sonstiger Art liegen nicht vor.

a) Ermitteln Sie die Höhe der jeweils anfallenden **Schadenersatzleistung** einschließlich (brutto) und ausschließlich (netto) der Selbstbeteiligung des Spediteurs. (Tragen Sie die Beträge in die Tabelle ein.)

b) Zu wie viel Prozent deckt die Summe der Schadenersatzleistungen (brutto) die Summe der Ersatzwertbeträge? (Ergebnis auf 2 Nachkommastellen runden!)

1.33 Güterversicherung

Fall 1

> **Situation:**
>
> Für den Versender einer Partie gleichwertiger Ersatzteile (4 000 kg Rohgewicht, vom Versender angegebener Wert 60.000,00 €), die von einem Spediteur im Selbsteintritt mit dem LKW von Leipzig nach Aachen befördert wird, schließt der Spediteur auf Weisung seines Auftraggebers eine Gütertransportversicherung ab. Die Versicherungsprämie beträgt 0,085 % vom Versicherungswert (hier: zugleich Warenwert) und wird dem Kunden zusammen mit der erbrachten Transportleistung in Höhe von 390,00 € (netto) in Rechnung gestellt.
>
> Rechnung Nr. 3455/2006/03
>
> | Pos. Nr. | Abrechnungsgegenstand | Betrag in € |
> |---|---|---|
> | 01 | 400 kg Ersatzteile von Leipzig nach Antwerpen, Festpreis lt. Vereinbarung | 390,00 |
> | 02 | 0,085 % Güterversicherungsprämie (einschließlich Versicherungssteuer) | 51,00 |
> | | Nettobetrag | 441,00 |
> | 03 | Umsatzsteuer 19 % | 83,79 |
> | | Rechnungsbetrag | 524,79 |

a) Der Kunde reklamiert die Rechnung und gibt an, dass seiner Meinung nach 9,69 € zuviel berechnet worden seien. Begründen Sie, ob der Kunde Recht hat.

b) Kurz vor Antwerpen kommt es zu einem Auffahrunfall des Fahrers. Die Ersatzteile werden dabei derart beschädigt, dass 40 % wirtschaftlich nicht mehr verwertbar sind. Ein Schadenssachverständiger (sog. Havariekommissar) wird zur Schadensfeststellung herangezogen. Dabei stellt sich heraus, dass der tatsächliche Wert der Ersatzteile vor Schadenseintritt bei 80.000,00 € lag.

   ba) Bei der Anzeige des Schadens bei der Versicherung wird das Gutachten des Sachverständigen beigefügt. Nennen Sie weitere Unterlagen, die der Versicherung einzureichen sind.

   bb) Berechnen und begründen Sie die Höhe der Schadenersatzleistung.

Fortsetzung auf der nächsten Seite

Güterversicherung

1.33

Fortsetzung

Fall 2

> **Situation:**
>
> Sie sind als Mitarbeiter(in) der SPEDAIX GmbH, Aachen, im Geschäftsbereich Gütertransportversicherung für die Prämienberechnung und Prämienanmeldung zuständig.

a) Für folgende Kunden und Beförderungsfälle sollen Sie die Höhe der Prämie bestimmen.

Verwenden Sie zur Prämienermittlung die nebenstehende Prämientabelle der SECURIANA Versicherungs-AG, bei der Sie den Versicherungsschutz einkaufen. Tragen Sie Ihre Ergebnisse in die grau unterlegten Kästchen ein.

Beförderungsfall (Kunde)	Art der Sendung	Transport von ... nach ...	Warenwert in Euro	Prämie in Euro (ggf. einschließlich Versicherungssteuer)
Nr. 1 Dürener Papier AG	Papier	Düren/Hamburg	10.000,00	
Nr. 2 Bauhof GmbH	Bauholz	Köln/ Salzburg (A)	1.800,00	
Nr. 3 E & M Kühlaggregate	Kühlschränke	Mainz/ Vilnius (LT)	12.500,00	
Nr. 4 WALZWERK AG	Grobbleche	Duisburg/ Craiova (Ro)	6.000,00	
Nr. 5 Bürotech GmbH	Notebooks	Brüssel (B)/ Genève (CH)	1,35 Mio.	
Nr. 6 MEDIEN AG	TV-Geräte	Potsdam/ Oslo (N)	98.500,00	

b) Welchen Betrag überweisen Sie an die SECURIANA Versicherungs-AG bei der Abführung der Prämien für die Beförderungsfälle der **ersten vier** Kunden?

Fortsetzung auf der nächsten Seite

1.33   **Güterversicherung**

Fortsetzung

Anlage zu Fall 2

Für den Gütertransport innerhalb Deutschlands und in die EU-Staaten sowie in ausgesuchte Dritt-länder bietet die SECURIANA Versicherungs-AG Versicherungsschutz, für den sie (je nach Warenart und Land) unterschiedliche Prämiensätze berechnet. Folgende Tabelle wird dabei zugrunde gelegt:

Prämientabelle für Gütertransportversicherungen bei der SECURIANA Versicherungs-AG (Auszug)

Warengruppe	Transporte in folgende Länder	Prämien (in Promille vom Warenwert)
A Allgemeine Speditionsgüter (z. B. Textilien, Farben, Lacke, Bau- und Konstruktions-holz, Stahlrohre, Bleche und Eisenrohre, Papier, Bücher, Zeitungen und Zeitschriften etc.)	innerhalb Deutschlands	0,6 *
	EU-Länder vor dem 01.05.2004 sowie Schweiz	0,75
	EU-Beitrittsländer ab 01.05.2004 sowie Türkei	1,05
B Tabakwaren, Spirituosen, Kosmetika, Weiße Ware, Unterhaltungselektronik, Computer und Computerzu-behör, Nahrungsmittel	innerhalb Deutschlands	1,45 *
	EU-Länder vor dem 01.05.2004 sowie Schweiz	2,15
	EU-Beitrittsländer ab 01.05.2004 sowie Türkei	3,75
A und B	Mindestprämie je Transport	2,50 Euro
	Spediteurprovision	8,5 %
	Es besteht eine Anfragepflicht für a) Güter mit einem Versicherungswert von mindestens 120.000,00 Euro b) Transporte in nicht aufgeführte Länder c) Güter, die sich nicht der Warengruppe A oder B zuordnen lassen	
	* zuzüglich 19 % Versicherungssteuer	

Gefahrgutvorschriften

1.34

Beim Abschluss eines Frachtvertrages zur Beförderung gefährlicher Güter sind – je nach Verkehrsträger – bestimmte Rechtsvorschriften zu beachten.

Vervollständigen Sie folgende Tabelle durch Eintragen der (in abgekürzter Form) zutreffenden Vorschriften:

Gefahrgut- rechtliche Vorschrift / Verkehrsträger	national	international
Gewerblicher Güterkraftverkehr		
Eisenbahnverkehr		
Binnenschiffsverkehr		
Seeschiffsverkehr		
Luftfrachtverkehr		

1.35   Gefahrguttransport auf der Straße

Der Transport von Gefahrgut mit dem LKW unterscheidet sich in erheblichem Maße von sonstigen Güterbeförderungen:

a) Dem Fahrer eines LKW-Gefahrguttransportes sind schriftliche Weisungen (sog. Unfallmerkblätter) mitzugeben, die das Verhalten bei Störungen im Beförderungsablauf betreffen.

   Nennen Sie vier Angaben die eine schriftliche Weisung enthalten sollte.

b) Nennen Sie je zwei Beispiele für die allgemeine und spezielle Sicherheitsausrüstung des Fahrzeugs bzw. des Fahrers.

c) Gemäß ADR ist der Gefahrgutsendung ein Beförderungspapier beizugeben.

   Welche Mindestangaben muss dieses Papier enthalten?

d) Welche fahrerbezogenen Papiere müssen bei einem Gefahrguttransport mitgeführt werden?

   Nennen Sie mindestens vier.

e) Ein Fahrzeug ist an der Vorder- und Rückseite mit zwei orangefarbenen Tafeln gekennzeichnet:

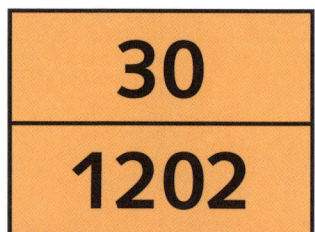   (Im Original: 40 cm x 30 cm)

Erklären Sie den Aufbau dieser Tafel

f) Die Außenverpackung eines Gutes enthält die folgende Kennzeichnung:

Erklären Sie kurz die Bedeutung dieser Kennzeichnung.

Wertschöpfungskette (Supply Chain) 2.01

Situation:

Um einem Kunden aus der Automobilindustrie ein JIT-Konzept vorzustellen wird zunächst der Produktionsfluss über mehrere Wirtschaftsstufen thematisiert.

Die folgende Graphik zeigt den Wertzuwachs bei der Automobilfertigung im Zeit- und Kostenverlauf (von der Urerzeugung bis zum Verkauf):

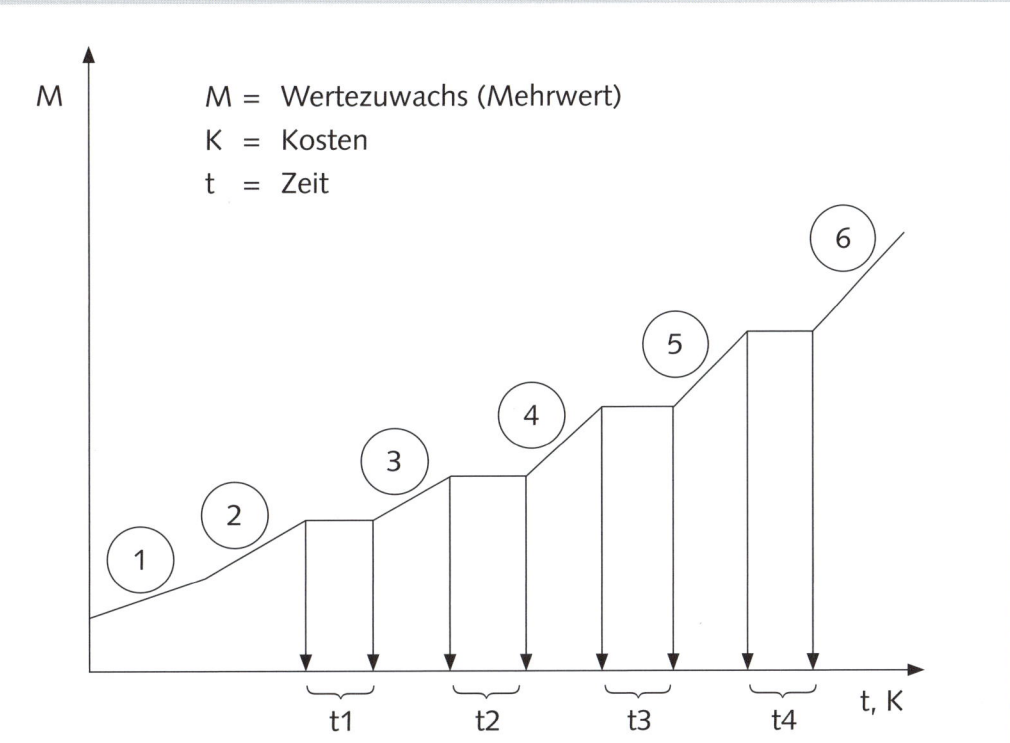

Prozessstufen:

1. Gewinnung von Eisen (Hüttenbetrieb)

2. Herstellung von Stahl (Stahlwerk)

3. Walzen von Stahlblech (Walzwerk)

4. Stanzen, Zuschneiden, Pressen, Lackieren (Karosseriebau)

5. Endmontage (Automobilfabrik)

6. Präsentation und Verkauf (Autohändler)

a) Erläutern Sie kurz die prozessbedingte Problematik der Zeitintervalle t1 – t4 in der Wertschöpfungskette.

b) Wodurch können die Kosten in diesen Zeitintervallen gemindert werden?

Fortsetzung auf der nächsten Seite

2.01 Wertschöpfungskette (Supply Chain)

Fortsetzung

c) In einem Fachjournal findet sich folgende Begriffsumschreibung:

> A sequence of events, which may include conversion, movements or placements, which adds value to goods, products or services …

Welcher Begriff wird hier umschrieben?

2.02 Wirtschaftsweite Supply Chain

Situation:

Im Rahmen einer Projektpräsentation zum Thema „Supply Chain-Management in der SPEDAIX GmbH" wird im einleitenden Teil über die wirtschaftsweite Wertschöpfung als Ausgangspunkt für das hauseigene Logistikkonzept referiert.

Zur Darstellung der Wertschöpfung zwischen Urproduktion und endgültigem Konsum wird das Modell des verketteten Order-to-Payment "S" gewählt, das die folgende Abbildung zeigt:

Wirtschaftsweite Supply Chains:
Verkettete Order-to-Payment „S" zwischen Urproduktion und endgültigem Konsum

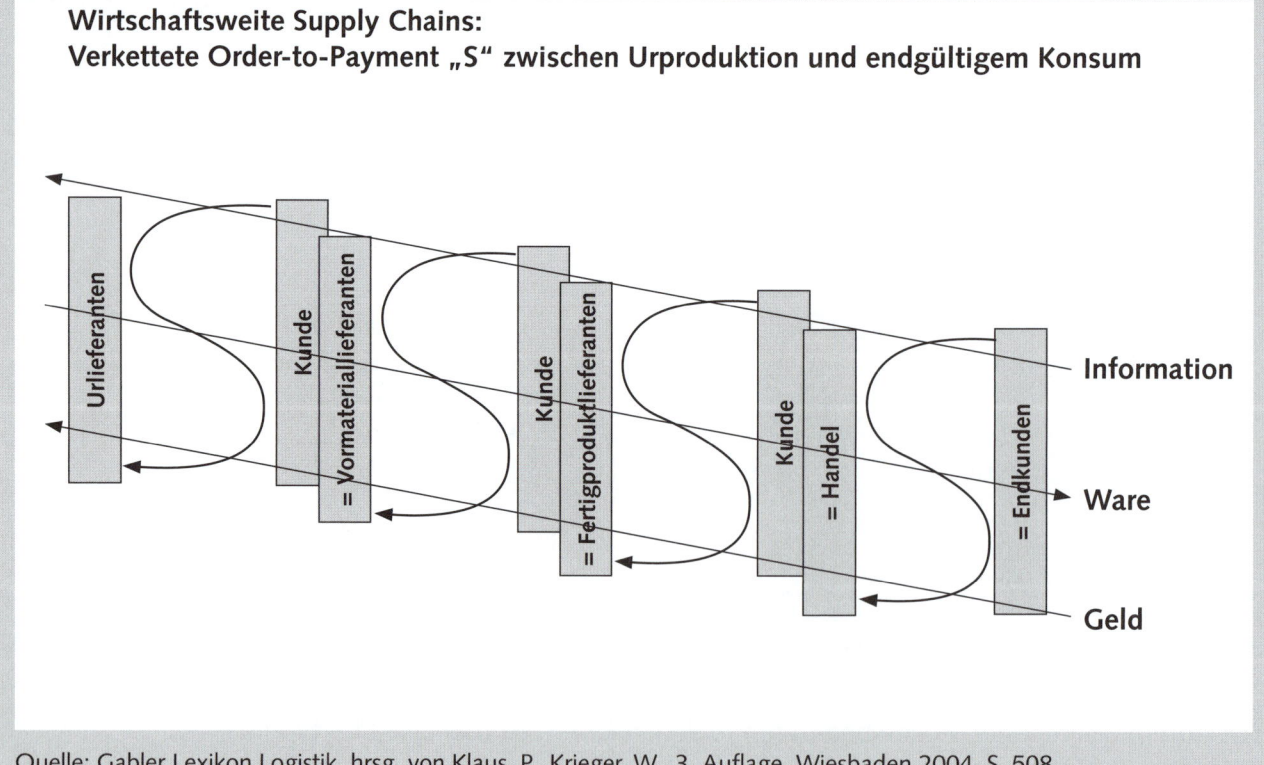

Quelle: Gabler Lexikon Logistik, hrsg. von Klaus, P., Krieger, W., 3. Auflage, Wiesbaden 2004, S. 508.

Erläutern Sie die „s-förmige" Verbindung der einzelnen Prozessstufen.

Beachten Sie dabei die Informations-, Waren- und Geldströme.

Sourcing-Konzepte 2.03

Situation:

Die MASCHINENBAU AG, 47169 Duisburg-Marxloh, fertigt für den Export Spezialplanierraupen, die auf Großbaustellen eingesetzt werden. Um sich auf die reine Fertigung der Maschinen zu konzentrieren, will die AG ihre Beschaffungsabteilung ausgliedern.

Im Rahmen eines Logistik-Vertrages vereinbaren die MASCHINENBAU AG und der ortsansässige Systemdienstleister LOGISTICUS GmbH u. a. Folgendes:

- LOGISTICUS übernimmt als sog. „3PL" die komplette Beschaffungslogistik der MASCHINENBAU AG; die Beschaffungsmengen werden der LOGISTICUS GmbH monatlich vom Produktionsleiter der MASCHINENBAU AG vorgegeben.
- Die 18 Mitarbeiter der Beschaffungsabteilung der MASCHINENBAU AG werden von LOGISTICUS mit übernommen.
- Die Lagerhallen (7 150 qm) werden an LOGISTICUS verpachtet.
- Die technische Lagerausstattung wird von LOGISTICUS auf eigene Rechnung aufgerüstet (Regalsystem, Förderzeuge und Stetigförderer sind veraltet und müssen ersetzt werden).
- Die Konditionen des Rahmenvertrages werden für 5 Jahre festgeschrieben.

Die LOGISTICUS GmbH verfügt über einen modernen Fuhrpark, der für die Produktionsbeschaffung der MASCHINENBAU AG eingesetzt und voll ausgelastet wird. Die hohen angeforderten Mengen der letzten Monatsproduktionen machen eine Erweiterung des Fuhrparks erforderlich, d. h., neue Sach- und Personalinvestitionen in Form von 4 Lastzügen und 4 neuen Fahrern sind zu tätigen.

Die Beschaffungsquellen der MASCHINENBAU AG sind sowohl Lieferanten, die größere Mengen eines einzelnen Teiles (z. B. Spezialschrauben aus Titan) fertigen als auch solche, die wichtige vorgefertigte Teile (z. B. Kettenbänder für Planierraupen) anbieten. Die meisten Vorprodukte werden ortsnah von Firmen aus dem Ruhrgebiet bezogen.

---

a) Wie nennt man die Maßnahme, die die MASCHINENBAU AG durch Ausgliederung ihrer Beschaffungsabteilung ergreift.

b) Warum wird die LOGISTICUS GmbH als „3PL" bezeichnet? Erläutern Sie kurz, wofür diese Abkürzung steht.

c) Nennen Sie je **2** mögliche Vor- und Nachteile für die LOGISTICUS GmbH, die sich aus den Vereinbarungen des Rahmenvertrages ergeben können.

d) Nennen und erläutern Sie kurz die Sourcing-Konzepte, die sich aus der Beschreibung der Beschaffungsquellen erkennen lassen.

e) Die LOGISTICUS GmbH arbeitete bis vor kurzem ausschließlich auf der Grundlage der ADSp 2003.

    ea) Welche weiteren Geschäftsbedingungen eignen sich für vertragliche Abreden über logistische Funktionen als Ergänzung zu den ADSp? (1 Nennung)

    eb) Formulieren Sie einen Kurztext, durch den Sie die Kunden auf die Anwendung dieser Geschäftsbedingungen aufmerksam machen.

2.04   Pull-Prinzip und ECR in der Handelslogistik

> **Situation:**
>
> Täglich erhält ein Markenartikelhersteller Bestellungen von Händlern in unterschiedlicher Menge, die er sofort auf den Empfänger bezogen kommissioniert und belabelt. Die kleinste Einheit ist dabei eine Europalette. Sobald die Bestellmengen Ganzladungen erreicht haben, werden sie auf ein Umschlags-Depot gezogen, dort auf die Bedarfe der einzelnen Handelsoutlets „aufgebrochen" und ohne weiteres Handling in bereitstehende Verteilfahrzeuge beladen.

a) Wie bezeichnet man diese Technik des Umschlags von Handelsgütern?

b) Erläutern Sie in diesem Zusammenhang das sog. „Pull-Prinzip", welches durch diese Technik in den Handelsoutlets möglich wird.

c) Die Daten des EAN-codierten Markenartikels werden beim Verkauf an der Kasse des Händlers erfasst. Schildern Sie, wie die Daten weiter behandelt werden müssen, um eine „effiziente Reaktion auf die Verbrauchernachfrage" auslösen zu können.

d) Bestellvorgänge dieser Art sind auch als „B2C"-Transaktion möglich. Erläutern Sie kurz diese Möglichkeit.

2.05   Verbrauchsfolgeverfahren in der Lagerlogistik

In Konsignations- und Distributionslager werden die Güter in einer bestimmten Reihenfolge eingelagert und wieder ausgelagert. Je nach Aktualität (oder auch Haltbarkeit) der Ware können folgende Verbrauchsfolgen Sinn machen:

FIFO, LIFO, HIFO und LOFO.

> **Situation:**
>
> In einem Kühlregallager werden leicht verderbliche Lebensmittel eingelagert. Die Beschaffungspreise der Lebensmittel schwanken. Folgende Mengen werden ein- und ausgelagert:
>
> | | | | | |
> |---|---|---|---|---|
> | Endbestand | 28.02.: | 40 t | Einstandspreis | 152.000,00 € |
> | Zugang | 10.03.: | 10 t | Einstandspreis | 39.000,00 € |
> | Zugang | 20.03.: | 20 t | Einstandspreis | 75.000,00 € |
> | Abgang | 25.03.: | 45 t | | |
> | Endbestand | 31.03.: | ? | | |

a) Beschreiben Sie kurz die Verbrauchsfolgen, die sich hinter den oben aufgeführten Abkürzungen verbergen.

b) Welche Verbrauchsfolge ist im Fall der Lebensmittel sinnvoll anzuwenden?

c) Ermitteln Sie den Wert des Lagerbestandes zum 31.03. unter Anwendung der unter b) genannten Verbrauchsfolge.

Kennzahlen der Lagerlogistik

Situation:

Die RANSBACH GmbH aus 52224 Stolberg, lagert bei der SPEDAIX GmbH, Steinzeugfliesen für den gewerblichen Innenausbau. Die Fliesen sind zu je 25 Stück in Hartkartons verpackt und werden palettiert angeliefert. Auf jeder Europalette (EP) befinden sich 40 Hartkartons.

Die Lagerbestände an Fliesenkartons entwickelten sich im letzten Jahr wie folgt:

Ultimo	Endbestände (Kartons)
Dezember 09	30 400
Januar 10	36 200
Februar 10	30 800
März 10	30 400
April 10	10 120
Mai 10	20 600
Juni 10	10 200
Juli 10	10 360
August 10	30 200
September 10	40 400
Oktober 10	20 400
November 10	10 920
Dezember 10	10 200

Im Jahr 09 wurden insgesamt 144 000 Kartons kommissioniert und ausgeliefert.

Der Stapelfaktor (SF) für die mit Fliesen belegten Europaletten ist gleich 0.

Das Lager der RINKEN GmbH verfügt über 1 000 Palettenstellplätze (bei SF = 0).

Die monatlichen Lagerkosten betragen 8.400,00 EURO.

(1 Lagermonat wird mit 30 Tagen gerechnet.)

Um die Wirtschaftlichkeit und Reichweite des Lagers zu beurteilen, soll folgenden Fragen nachgegangen werden:

a) Wie hoch ist der durchschnittliche Auslastungsgrad des Lagers im Monat in Prozent?

b) Welche Kosten entfallen auf einen Palettenstellplatz bei dem unter a) ermittelten Auslastungsgrad?

c) Mit welchen Kosten wird eine einzelne Fliese mit Lagerkosten belastet?

d) Welche Reichweite hat der durchschnittliche Lagerbestand?

2.07   Lagerpartiekosten!

Situation:

Die AIXTRONICA AG, 52080 Aachen, fertigt Spezialwerkzeuge für die Uhrenindustrie, die sie bei der SPEDAIX GmbH im benachbarten Stadtteil palettiert einlagert. Folgende Partien werden in den Monaten 02 und 03 eingelagert:

Am 10.02. d. J. kommt es zur Einlagerung der

Lagerpartie 1:   30 EP mit je 72 Kartons

                      (Maße 38 cm x 28 cm x 17,5 cm, Gewicht 4,0 kg, je Karton)

                      Stapelfaktor (SF) = 1

Dauer der Lagerung bis 20.05. d. J.

Am 04.03. d. J. erfolgt die zweite Einlagerung der

Lagerpartie 2:   48 Industriepaletten (1,00 m x 1,20 m) mit je 20 Kartons

                      (Maße 48 cm x 32,5 cm x 35 cm, Gewicht 22,12 kg)

                      Stapelfaktor (SF) = 1

Dauer der Lagerung bis Ultimo 07 d. J.

Zwischen der SPEDAIX GmbH und der AIXTRONICA AG sind folgende Konditionen vereinbart worden:

Einlagerung:	2,05 € je EP 2,55 € je Industriepalette
Lagerung:	0,98 € je angefangener qm/angefangener Monat
Auslagerung einschließlich Kommissionierung:	0,45 € je angefangene 100 kg je Palette Minimum 2,15 € je Palette

a) Berechnen Sie die Gesamtkosten je Partie.

b) Ein Logistikdienstleister aus dem Nachbarort unterbreitet der AIXTRONICA AG ein Pauschalangebot für künftige Einlagerungen:

    Pauschale für Ein- und Auslagern, Kommissionieren und Lagern mit einer Mindestlagerdauer von 3 Monaten

        je Europalette: 2,95 € je angefangenes Quartal

        je Industriepalette: 3,49 € je angefangenes Quartal

    Prüfen Sie, ob die Einlagerung beim Konkurrenten der SPEDAIX GmbH kostengünstiger ist. Nennen Sie – außer Kosten – mindestens drei weitere Faktoren, die die Qualität einer Lagerleistung ausmachen sollten.

Informationslogistik   2.08

> **Situation:**
>
> Ein Kunde will 4 000 in Kartons gepackte Designerkrawatten aus Seide von seinem Importlager in Norddeutschland in die Schweiz befördern lassen.
>
> Der Kunde fragt an, ob die von ihm in loser Form auf Europaletten gelegten Kartons bei der Übergabe an den vorholenden Spediteur bei der Erfassung anders behandelt werden als solche, die er zusammenpackt und mit Schrumpffolie verschweißt.
>
> Außerdem will er wissen, ob er jederzeit über den Standort seiner Krawatten während des LKW-Transportes informiert und – im Schadenfall – rekonstruiert werden kann, wo der Schaden aufgetreten ist.

a) Informieren Sie den Kunden über die unterschiedliche Sendungserfassung und die Möglichkeiten der Sendungsverfolgung.

b) Im Verlauf der Unterredung kommt der Kunde auf die Barcode-Technik zu sprechen und fragt Sie nach der Bedeutung von EAN- und NVE-Codierung.

   Erklären Sie dem Kunden den Unterschied dieser Codierungen. Gehen Sie dabei auch auf die Scannung durch RFID ein.

Datenfernübertragung   2.09

Ein in Ostasien für die Automobilindustrie produzierendes deutsches Unternehmen will Maschinenteile von Deutschland nach China versenden. Da die Teile im multimodalen Verkehr befördert werden (LKW-Seeschiff-Bahn-LKW) soll jederzeit eine Statuskontrolle möglich sein. Insbesondere beim Um-schlagen der Maschinenteile soll diesbezüglich kein „Datenverlust" auftreten. Versender, Spediteur und Empfänger bedienen sich dazu der Datenfernübertragung durch das INTERNET.

Nennen Sie **5** Vorteile dieser Art der Sendungsverfolgung!

2.10

Situation:

Ein Hersteller von Damen-Baumwollblusen benötigt für die Produktion im Wesentlichen Baumwollstoffe in verschiedenen Farben und Dessins, Knöpfe und Garn sowie Applikationen für modische Trends. Für diese in seiner Produktion verwendeten Materialien hat er ein Verbrauchswerte-Ranking erstellt (die Stoffe und Garne sind A-Güter, Knöpfe sind B-Güter, die Applikationen C-Güter). Ebenso wurde ein Ranking entwickelt, das die Materialien nach ihrem voraussichtlichen Bedarf klassifiziert (Güter, die regelmäßig, schwankend oder unregelmäßig verbraucht werden und deren Verbrauchszeitpunkte feststehen, bedingt oder kaum vorhersehbar sind).

Durch die Kombination beider Rankings entstehen folgende neun Klassen:

Verbrauchs-wert / Vorhersage-genauigkeit	A Stoffe, Garne hoch	B Knöpfe mittel	C Applikationen niedrig
X hoch	AX	BX	CX
Y mittel	AY	BY	CY
Z niedrig	AZ	BZ	CZ

Als Systemdienstleister sollen Sie anhand dieser Analyse Aussagen zur Materialbewirtschaftung und Beschaffung machen. Begründen Sie auch, für welche Materialflüsse sich der EDV-Einsatz eignet und eine JIT-Fähigkeit gegeben ist.

Fahrzeugdisposition 2.11

In einem Konsignationslager werden Schuhe eines Herstellers eingelagert. Am Ende eines jeden Quartals sind insgesamt 10 Großfilialen im Raum Frankfurt/Main mit jeweils folgenden Mengen zu beliefern:

Quartalslieferung je Filiale:

Schuhgröße	Damenschuh GALA (in Paar)	Damenstiefel DIANA (in Paar)	Damenschuh SPORT (in Paar)	Summen (in Paar)	Rang nach Größe
36	60	30	228	318	6
37	94	148	578	820	4
38	310	320	1 350	1 980	1
39	210	240	1 150	1 600	2
40	142	160	650	952	3
41	80	80	360	520	5
42	64	30	100	194	7
Summen	**960**	**1 008**	**4 416**	**6 384**	

Die Kartons haben unterschiedliche Größe und werden in Großpackungen gebunden.

Die Standardgroßpackungen fassen insgesamt alternativ je

- 20 Kartons Damenschuh GALA oder
- 12 Kartons Damenstiefel DIANA oder
- 16 Kartons Damenschuh SPORT

Jeweils 12 Großkartons können auf 1 EP ohne Überstände palettiert werden. Die EP (Eigengewicht 25 kg) sind aufgrund der Verpackung und Palettenaufbauhöhe nicht stapelbar (SF = 0).

Die Filialen werden mit Sattelzügen (Innenmaße des Aufliegers: 13,60 m · 2,44 m, Nutzlast 24 t) angefahren.

Um die Anzahl der benötigten Fahrzeuge für die Quartalsauslieferung der 10 Filialen zu bestimmen, geht ein Mitarbeiter der Disposition von einer durchschnittlichen Anzahl Schuhkartons je Großpackung von
(20 + 12 + 16) : 3 = 16 Stück aus und macht folgende Überschlagsrechnung:

63 840 : 16   = 3 990 Großpackungen
3 990 : 12   = 332,5 EP
332,5 EP : 34 = 9,779 ≈ 10 Sattelzüge

Fortsetzung auf der nächsten Seite

2.11   Fahrzeugdisposition

Fortsetzung

a) Prüfen Sie, ob diese Überschlagsrechnung zum richtigen Ergebnis führt. Falls nicht, berechnen Sie die korrekte Anzahl der benötigten Fahrzeuge.

b) Prüfen Sie, ob die maximale Zuladung der Fahrzeuge durch die Beladung eingehalten werden kann, wenn pro Schuhpaar 1 – 1,2 kg (einschließlich aller Verpackungsgewichte) gerechnet werden müssen.

2.12   Informationsprozess

Ein Logistikdienstleister (Warehouse-Betreiber) wird von einem selbstanliefernden Industriebetrieb (Einlagerer) mit dem Bestandsmanagement (auftragsbezogene Kommissionierung) und der Transportdienstleistung beauftragt.

Folgende Skizze zeigt die Informations-Prozessstruktur zwischen den Beteiligten:

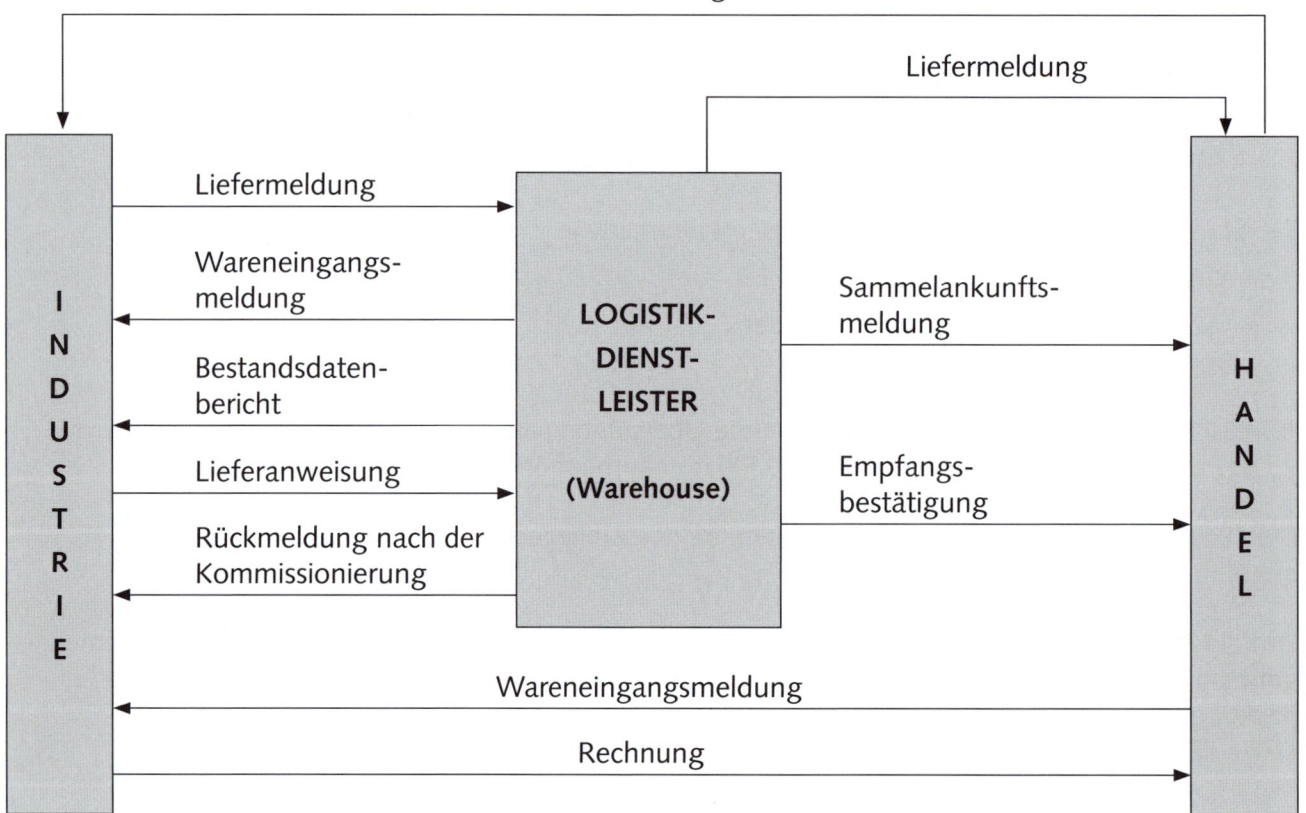

Abbildung nach DSLV (Juli 2003)

Der Logistikdienstleister erstellt die Liefermeldung mit den artikelspezifischen Daten und Packstückinformationen (NVE) an den Handel.

Fortsetzung auf der nächsten Seite

Informationsprozess

2.12

Fortsetzung

Bei der Informationslogistik wird mit folgenden Standardnachrichten (6-letter-codes) gearbeitet:

DESADV = Despatch Advice

IFCSUM = International Forwarding Consolidation Summary

IFTSTA = Multimodal Status Report

INSDES = Instruction to Despatch

INVOIC = Invoice

INVRPT = Inventory Report

ORDERS = Orders

RECADV = Receiving Advice

Vervollständigen Sie folgende Übersicht zu den Prozessstufen:

Tragen Sie die fehlenden Informationsobjekte bzw. Standardnachrichten ein:

Prozessstufe	Informationsobjekt	Standardnachricht
Handel ordert beim Hersteller eine Lieferung	Bestellung	ORDERS
Hersteller informiert Logistik-DL über Anlieferung am Lager		DESADV
Rückmeldung des Logistik-DL an Hersteller über Wareneingang	Wareneingangsmeldung	
Information über den buchmäßigen Bestand	Bestandsdaten- und Inventurberichte	
Hersteller beauftragt Logistik-DL mit Auslagerung an Empfänger	Auslagerungs- und Kommissionierauftrag	
Nach der Kommissionierung meldet der Logistik-DL den aktuellen Bestand	Rückmeldung nach der Kommissionierung	DESADV
Logistik-DL avisiert dem Empfänger die Lieferung		DESADV
Nach Verladung avisiert der Logistik-DL dem Empfänger transportbezogene Daten (NVE, Ankunftszeit, Transportmittel)	Sammelankunftsmeldung	
Empfänger bestätigt Übernahme der Ware		IFTSTA
Empfänger bestätigt dem Hersteller den Empfang der Ware	Wareneingangsmeldung	
Hersteller überträgt Rechnung an den Empfänger		

2.13   Fachbegriffe der Logistik

Im Sprachgebrauch des Lager- und Logistik-Bereichs werden mit unterschiedlicher Bedeutung häufig folgende Begriffe verwendet:

a) JIT-Produktion

b) CITY-LOGISTIK

c) Recycling

d) Distributions-Logistik

e) KANBAN-System

Geben Sie jeweils eine kurze Umschreibung der genannten Begriffe.

2.14   Value Added Services

Situation:

Die Axel Crombach & Söhne KG, 51060 Köln, ist als überregionaler Hersteller und Händler von Küchentechnik und Kochutensilien an einer logistischen Zusammenarbeit mit der SPEDAIX GmbH interessiert. Der Seniorchef Axel Crombach erläutert in einem Kontaktgespräch mit Herrn Aixner seine Vorstellungen über die Zusammenarbeit. Hierbei sind ihm folgende Punkte besonders wichtig:

- Display-Bau
- Co-Packing
- Sleeving

Im weiteren Verlauf des Gesprächs sollen Details geklärt werden.

Erläutern Sie zunächst, welche logistischen Dienstleistungen sich hinter diesen Begriffen verbergen! Führen Sie jeweils an, welche Fragen vor Auftragsannahme zu klären sind!

Kunden-ABC-Analyse   3.01

Die mittelfränkische Spedition QUETTLINGER & Sohn OHG, 90491 Nürnberg, will ihre logistischen Dienstleistungen ausbauen und optimieren. Für die Neuausrichtung der Akquisition soll anhand von Umsatzzahlen festgestellt werden, welcher Kundengruppe durch Key Account Manager besondere Serviceangebote gemacht werden sollten, um auch in Zukunft höhere Umsätze generieren zu können:

Folgende Umsatzzahlen wurden aus der Rechnungsabteilung übermittelt:

Kunden der Zielgruppe	Umsätze in Tsd. € in 2010
Adlinger GmbH	32
Autohaus Auerbach OHG	34
Gartenbau G. Grüner e. K	5
Gantenbach GmbH	196
Honner & Schnapp KG	640
Hyronimus Systembau AG	25
Kaufmann, Sell & Bick GmbH	68
MMC AG	430
S. Rietling e. K	80
Zuffinger Regalbau GmbH	74

Frau Seilinger aus der Marketing-Abteilung bereitet die Zahlen auf und erstellt folgende Übersicht:

Rang	Kunde	Umsatz in Tsd. €	Umsatz in %
1	Honner & Schnapp KG	640	40,4
2	MMC AG	430	27,1
3	Gantenbach GmbH	196	12,4
4	S. Rietling e. K.	80	5,1
5	Zuffinger Regalbau GmbH	74	4,7
6	Kaufmann, Sell & Bick GmbH	68	4,3
7	Autohaus Auerbach OHG	34	2,1
8	Adlinger GmbH	32	2,0
9	Hyronimus Systembau AG	25	1,6
10	Gartenbau G. Grüner e. K.	5	0,3
	Gesamt	1.584	100,0

a) Welche Aussagen lassen sich über die Kunden der Zielgruppe im Rahmen einer ABC-Analyse aus der von Frau Seilinger erstellten Übersicht ableiten?

b) Welche Auswirkungen sollte diese Analyse auf die zukünftigen Serviceaktivitäten der Key Account Manager haben?

3.02   Produktpolitik

Die Spedition QUETTLINGER & Sohn OHG besteht seit 1959 und hat ihre Dienstleistungspalette über die Jahrzehnte ständig verändert. Einer Festschrift zum 50-jährigen Firmenjubiläum aus dem Jahre 2009 sind folgende Textpassagen zu entnehmen:

- „... so bauten wir bereits in den 60er Jahren Speziallagerstätten für Kakaobohnen, die durch eine eigens für diese Langzeitlagerung entwickelte Klimatechnik in der Qualität im höchsten Maße erhalten blieben, was bis zu diesem Zeitpunkt noch völlig unbekannt war ...“

- „... veränderte Kundenwünsche Ende der 80er Jahre führten dazu, dass wir bei allen Transporten nach Skandinavien das System für Tracking & Tracing verbesserten und somit der individuellen Disposition unserer Kunden nachkommen konnten ...“

- „Vor zwei Jahren, am 10.10.2007 mussten wir unsere Speziallagerstätten für Kakaobohnen schließen, da die Auslastung der Kapazität zuletzt bei nur 17 % der Gesamtlagerstätten lag“.

a) Wie heißen die konkreten produktpolitischen Maßnahmen, die von der Spedition in den einzelnen Jahren der Firmengeschichte ergriffen wurden?

b) Nennen Sie zu der am 10.10.2007 erfolgten Lagerstättenschließung weitere fünf Gründe, die dazu führen können, dass eine solche Maßnahme erforderlich wird.

3.03   Unternehmenspräsentation

Als Assistent/-in der Geschäftsleitung in der SPEDAIX GmbH sollen Sie eine Präsentation der Geschäftsfelder der SPEDAIX GmbH für einen ausgesuchten Kundenkreis vorbereiten. Als technisches Hilfsmittel setzen Sie einen Beamer ein.

a) Erläutern Sie kurz, welche Funktion der Beamer bei der Präsentation einnehmen wird.

b) Nennen Sie **4** weitere geeignete Mittel zur Visualisierung von Informationen im Rahmen einer Präsentation.

Corporate Behaviour (Analyse) 3.04

In der Schadensachbearbeitung der SPEDAIX GmbH soll das Image der Sachbearbeiter analysiert werden. Hierzu wurden Kunden befragt, die im letzten Jahr aufgrund von Rückfragen und Reklamationen mit den Sachbearbeitern Kontakt hatten. Das Ergebnis dieser (nicht repräsentativen) Befragung zeigt folgendes Polaritätenprofil:

POSITIVES VERHALTEN	Bewertungsskala					NEGATIVES VERHALTEN
	+ 2	+1	0	- 1	- 2	
FREUNDLICH	○	○	○	○	○	UNFREUNDLICH
KOMPETENT	○	○	○	○	○	INKOMPETENT
KULANT	○	○	○	○	○	UNFLEXIBEL
SCHNELL	○	○	○	○	○	LANGSAM
PROBLEM LÖSEND	○	○	○	○	○	LÖSUNGSUNFÄHIG
ERREICHBAR	○	○	○	○	○	DAUERND ABWESEND
RUFT ZURÜCK	○	○	○	○	○	RUFT NICHT ZURÜCK

a) Umschreiben Sie das Imageproblem, das über diese Befragung sichtbar geworden ist.

b) Welche geeigneten Maßnahmen sollten ergriffen werden, um das Profil der Sachbearbeitung zu verbessern? Nennen Sie mindestens drei!

3.05
Marketing-Mix

Anlässlich geplanter Marketing-Aktivitäten ist von der Geschäftsleitung SPEDAIX GmbH folgendes (noch unvollständiges) Marketing-Mix erstellt worden:

Subemelente des Marketing-Mix der SPEDAIX GmbH, 52078 Aachen

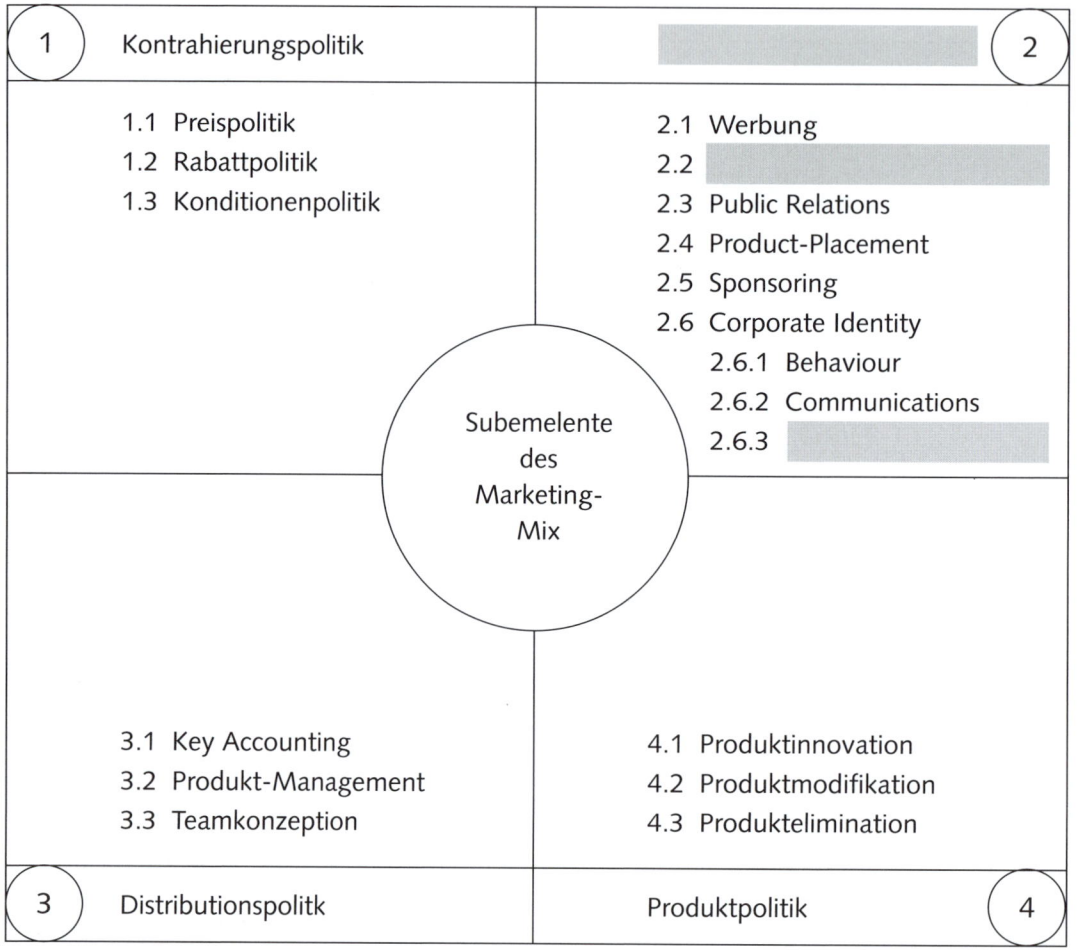

a) Vervollständigen Sie die offenen Positionen (2), 2.2 sowie 2.6.3 in der Darstellung durch das Einfügen folgender Marketing-Begriffe:

- Verkaufsförderung
- Kommunikationspolitik
- Design

b) Folgende Aktivitäten sind im nächsten Quartal geplant:

- Entwicklung eines neuen Firmen-Logos
- Durchführung eines „Tages der offenen Tür"
- Verbesserung der Sendungsverfolgungssysteme

Welche in der Darstellung aufgeführten Subelemente werden durch diese Aktivitäten betroffen? Begründen Sie Ihre Einordnung!

c) Erläutern Sie den Begriff „Key Accounting"!

Mailings

Die internationale Transporte durchführende Kraftwagenspedition Eric SOSSA GmbH, 12043 Berlin-Neukölln, Nizzaallee 5-9, bedient seit einigen Monaten mit der hauseigenen Fuhrparkflotte die ARA-Häfen in Belgien und den Niederlanden. Die Neukunden der SOSSA GmbH, darunter die IMPEXO GmbH aus Potsdam, die bisher „nur" die Beratungsleistung der Spedition in Anspruch genommen haben, sind Zwischenhändler, die ihre Produkte aus den baltischen Staaten und Polen beziehen, neutralisieren und über die westeuropäischen Häfen nach Nordamerika verschiffen. Eric SOSSA möchte diese Kunden auf sein neues Produkt, das „GO WEST"-Konzept, aufmerksam machen: Zu diesem Zweck versendet er (das auf der folgenden Seite abgebildete) Mailing an Frau Starke, die für die Beschaffung der Vorlauftransporte der IMPEXO GmbH zuständig ist.

a) Der Werbebrief ist nach dem sog. „AIDA-Konzept" aufgebaut. Wofür steht die Abkürzung AIDA?

b) Identifizieren Sie die Textstellen im Werbebrief, die für die einzelnen Schritte der AIDA-Formel stehen.

c) Wofür steht die Abkürzung „ARA-Häfen"?

Anlage zu 3.06

Eric Sossa GmbH – Internationale Spedition

Eric Sossa GmbH, Nizzaallee 5 – 9, 12043 Berlin-Neukölln

IMPEXO GmbH
z. H. Frau Starke
Carl-Zeiss-Str. 55
14471 Potsdam

Ihr Zeichen, Ihre Nachricht vom	Unser Zeichen, unsere Nachricht vom	Telefon, Name 030 54487-	Datum
St 2011-01-23	so 2011-01-26	01 Herr Sossa	2011-03-01

GO WEST

Sehr geehrte Frau Starke,

für die IMPEXO GmbH als kompetente Exporteurin im Nordamerika-Geschäft haben wir die Transportlösung im Vorlauf zu den ARA-Häfen entwickelt: Das „GO WEST". Neben dem bisher praktizierten Beratungsservice für den Nordamerika-Versand bieten wir Ihnen u. a.

– tägliche Verkehre zwischen Potsdam und allen westeuropäischen Häfen
– durchgehende Sendungsverfolgung mit aktueller Statusabfrage
– exklusiv für Sie die Reservierung modernster Fahrzeuge
– qualifiziertes Fahrpersonal (geschultes Besatzungsteam in Festanstellung)
– hoher Frachtrabatt durch garantiertes Rückladungskontingent

Buchen Sie jetzt und Sie erhalten alle Vorteile als Erstnutzer unseres GO WEST-Konzeptes.

Für Sie ist das Konzept entwickelt worden. Ihnen die Details näher zu bringen ist absolute „Chef-Sache". Mit meinem Team, Frau Gentner und Herrn Dr. Bellheim, werde ich Ihnen ausführlich das Konzept vorstellen. Zu einem kleinen „Diskussionsforum" in unserer VIP-Lounge laden wir Sie für den 08. d. M. herzlich ein. Ein interessantes Überraschungsgeschenk wartet auf Sie.

Wir freuen uns auf die Terminzusage und empfehlen GO WEST – BECAUSE THE WEST IS THE BEST ...

Ihr Partner im Nordamerika-Geschäft grüßt Sie recht herzlich

Eric Sossa

Dr. Eric SOSSA

Anlage:
Präsentationsmappe für den 08. d. M.

HRB 7554-02	Tel.: 030 54487	Bankverbindung: CATO-Bank Potsdam 397 999 99
Amtsgericht Potsdam	Fax: 030 544871	Kto. 79959907
Geschäftsführer:	e.sossa@sossamail.de	
Dr. Eric Sossa	www.SOSSA-GOWEST.eu	

Gestaltungselemente   3.07

Im Rahmen einer Kundenbroschüre möchte eine international tätige Spedition eine Übersicht zu den unterschiedlichen Haftungsbestimmungen bei Güterschäden in den einzelnen Geschäftssparten erstellen. Diese Aufgabe überträgt sie zunächst an ihre Auszubildenden. Die folgende noch unvollständige Übersicht wurde bisher erarbeitet:

Verkehrsträger (Symbol)	Haftungshöchstgrenzen bei Güterschäden		Ausbau der Maximalhaftung möglich durch:	Gesetzliche bzw. gesetzesähnliche Grundlage
	8,33 SZR/kg			HGB
			Wert- bzw. Interessen-deklaration	
	2 SZR/kg **oder**		Wertdeklaration	HGB
			Interessendeklaration	

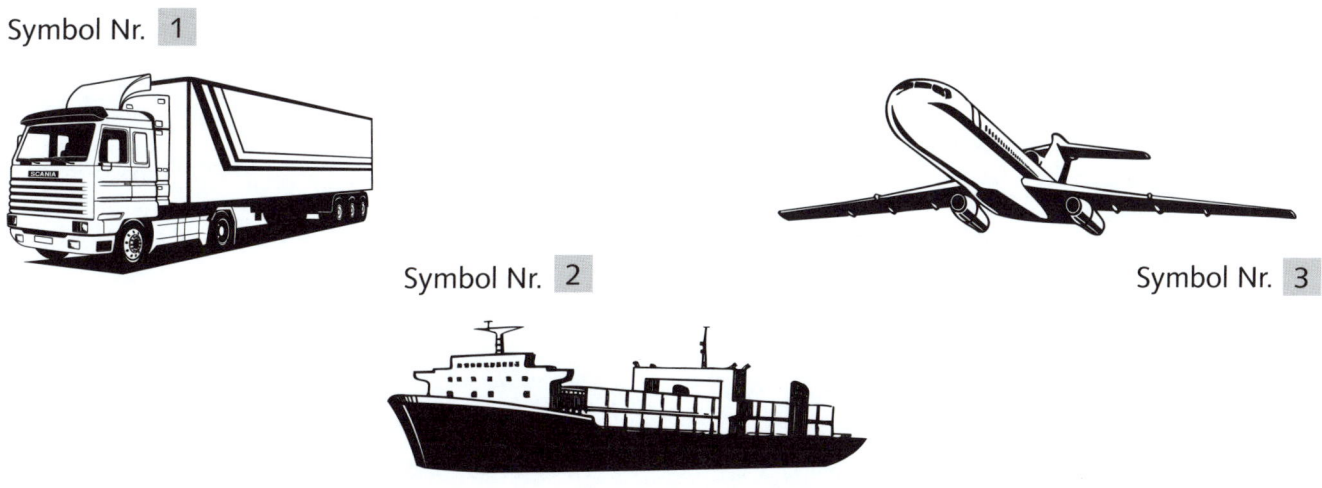

Symbol Nr. 1

Symbol Nr. 2

Symbol Nr. 3

Ergänzen Sie die Übersicht an den grau hinterlegten Stellen durch sinngebende Texte bzw. Abkürzungen und weisen Sie die entsprechenden Symbol-Nummern 1 , 2 oder 3 zu!

3.08

Ein britischer Kunde der SPEDAIX GmbH benötigt eine englischsprachige Version für den ersten Satz der Ziffer 23.3 ADSp. Frau Wenger als zuständige Kundenbetreuerin sucht die entsprechende Textstelle in den ADSp auf:

Ziffer 23.3 ADSp

„Die Haftung des Spediteurs für andere als Güterschäden mit Ausnahme von Personenschäden und Sachschäden an Drittgut ist der Höhe nach begrenzt auf das Dreifache des Betrages, der bei Verlust des Gutes zu zahlen wäre, höchstens auf einen Betrag von € 100.000 je Schadenfall. [...]"

Per E-Mail will Frau Wenger folgende Übersetzung senden:

Ziffer 23.3 ADSp

The liability of the freight forwarder for damage other than to goods excepting personal injury and

...

Führen Sie den Text des Satzes in Englisch zu Ende!

Kommunikation II   3.09

Die folgende Situation bezieht sich auch auf die **Aufgabe 3.09 und 3.10**

Situation:

Axel Rombach betreut in der SPEDAIX GmbH, Aachen, das Exportgeschäft der Kundengruppe A – C in Nordrhein-Westfalen. Am Montag, den 06.03.d. J. erhält er von einem brasilianischen Geschäftspartner die folgende Nachricht per Fax:

Welches Anliegen hat Mr. Cortez? Umschreiben Sie kurz den Inhalt dieser Nachricht.

MUNOZ *do Brasil*	From: Miguel Cortez
SEA CARGO S.A. **Grupo Tetrans**	To: SPEDAIX GmbH Date: March 6, 20.. Page(s): 1 including cover

Dear Mr Rombach

In view of potential regular business with the customer mentioned below, we would be very much obliged for your help:

Supplier: CONRADI Maschinenbau GmbH, Quellstr. 82, D-52249 Eschweiler
Attention: Timo Engau

Customer: T.E. Colti S.L., Rua Conde Boa Vista, 538, Recife-PE-Brasil

Goods: special textile machines   Quantity: 5 machines max.   Competitor: ALLSPED
Terms: EXW   Regularity: monthly

In particular we need further information about the goods to be forwarded, such as measurements, gross weight per machine (including packing), and would like to know if the machines in question can be stacked.

Would it be possible for you to obtain for us the information we need and let us know the required details? Since this matter is rather urgent we would be very grateful, if you could help us as soon as possible.

Many thanks for your cooperation.

Yours sincerely

Miguel Cortez

3.10   Geschäftspartnern antworten

a) Benachrichtigung des Geschäftspartners

Axel Rombach erkundigt sich bei der CONRADI Maschinenbau GmbH und erfährt, dass

- insgesamt 5 Maschinen versandbereit sind,
- die Maschinen nicht stapelbar sind,
- jede Maschine 1,8 m x 1,7 m x 2,0 m misst (Länge x Breite x Höhe),
- das Gewicht jeder Maschine ca. 1 500 kg einschließlich Verpackung

beträgt.

Die Sendung ist für eine Verschiffung am 30.04. d. J. vorgesehen.

Bitten Sie Herrn Cortez um ein Frachtpreisangebot per Fax.

Benutzen Sie für Ihre (in Englisch abzufassende) Nachricht den vorbereiteten Fax-Vordruck auf der nachfolgenden Seite.

Fortsetzung auf der nächsten Seite

Geschäftspartnern antworten

Fax-Vordruck

SPEDAIX GmbH
Aachen

Telefax

Von/ From: Axel Rombach

An/To: MUNOZ Sea Cargo S.A.,
Attn.: Miguel Cortez

Fax: 0055 44551-010

Datum/ Date:
Seitenzahl/ Number of pages:

7 March 20..
1 including cover

Dear Mr Cortez

Re: Your Inquiry of 6 March 20..

_____

_____

_____

_____

_____

_____

_____

_____

_____

_____

Fortsetzung auf der nächsten Seite

3.10 Geschäftspartnern antworten

Fortsetzung

b) **Rückmeldung des Geschäftspartners**

Kurze Zeit später erhält Axel Rombach folgende Nachricht:

MUNOZ *do Brasil* *SEA CARGO S.A.* *Grupo Tetrans*	From: Miguel Cortez To: SPEDAIX GmbH Date: March 11, 20.. Page(s) : 1 including cover

Dear Axel

RE CONSIGNMENT EX CONRADI ESCHWEILER FOR OUR CUSTOMER T.E.

Thanks for your Fax DTD March 7, 20... We've now received the order. Please contact the shipper and let us know the exact loading date, departure time and place of destination.

Awaiting your reply ASAP

RGDS

MUNOZ Sea Cargo S.A., Miguel Cortez

ba) Was teilt Mr. Cortez seinem Geschäftsfreund Axel Rombach mit?

bb) Erklären Sie auch die im Text vorkommenden „abbreviations".

3.11 Insertion

Um auf einen neuen Service Ihres Logistikdienstleistungs-Unternehmens aufmerksam zu machen, überlegen Sie, eine Annonce in der DVZ (Deutsche Verkehrszeitung) zu schalten.

Sie überlegen als Alternative zu einer großseitigen Einmal-Anzeige in regelmäßigen Abständen für die Dauer von 6 Wochen eine Kleinanzeige zu schalten.

a) Erläutern Sie kurz je **2** Argumente, die für die eine oder andere Variante sprechen.

b) Welche Konsequenzen haben beide Varianten für Ihr limitiertes Werbebudget?

Produktlebenszyklus

Situation:

Als Logistik-Manager sollen Sie sich mit der Entwicklung eines neuen Produktes Ihres Kunden auseinandersetzen, um entsprechende Steuerungskonzepte für die einzelnen Lebensphasen zu entwickeln.

Folgende Grafik zeigt den idealtypischen Verlauf des Produktlebenszyklus (PLZ):

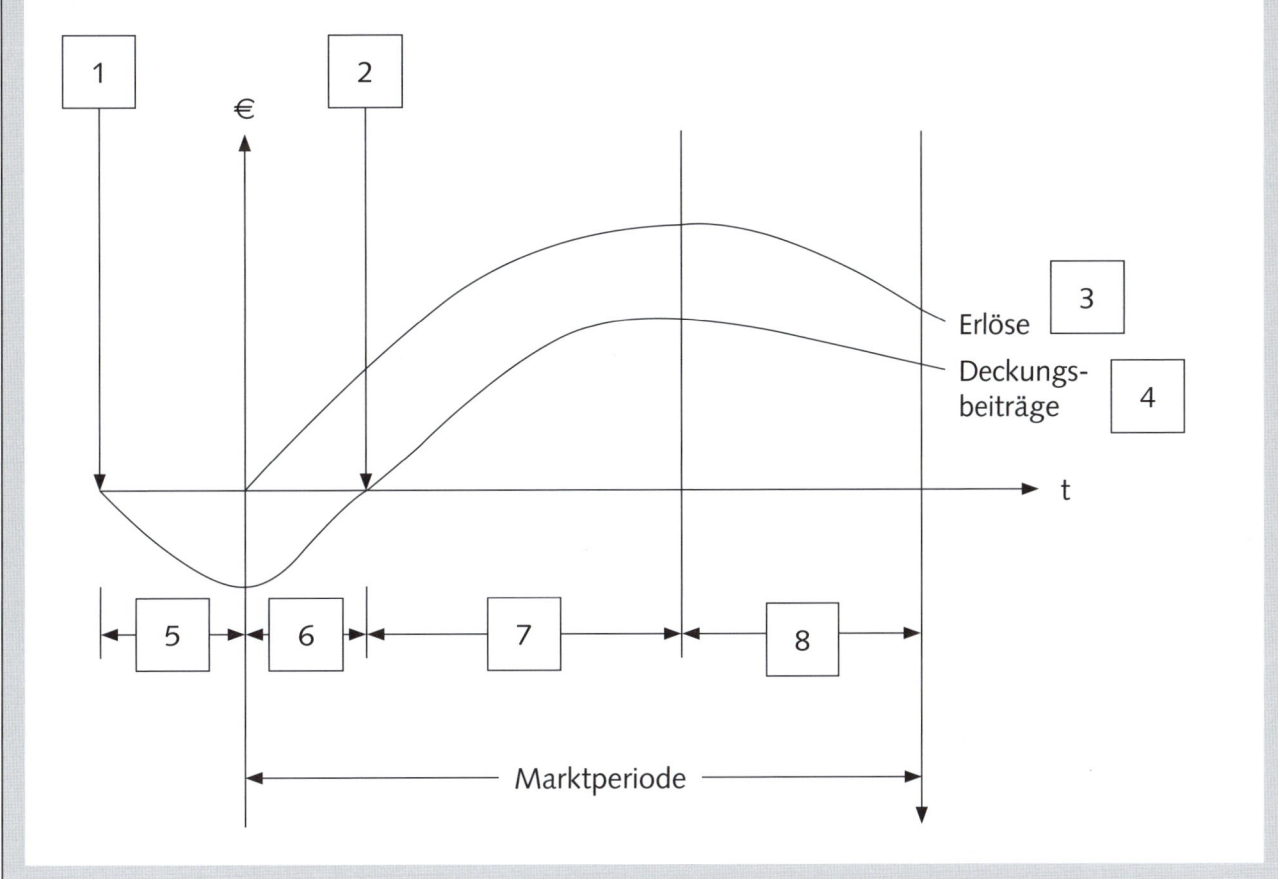

a) Benennen Sie die Stationen im PLZ, für die die Ziffern 1 und 2 stehen.

b) Erläutern Sie, welche Phasen (5 und 6) das Produkt zwischen diesen Stationen durchläuft.

c) Benennen Sie die Phasen 7 und 8 im PLZ und führen Sie je eine Marketingaktivität an, die für eine „Streckung" bzw. „Verkürzung" der Phase 8 geeignet sein kann. Gehen Sie dabei kurz auf jeweils zwei mögliche Gründe ein, die solche Maßnahmen erforderlich machen können.

Ihre Notizen

1
Prüfungsbereich

Leistungserstellung in Spedition und Logistik

Teil B
Verkehrsträgerspezifisch

- Straßenverkehr
- Schienenverkehr
- Luftverkehr
- Binnenschifffahrt
- Seeschifffahrt

Ihre Notizen

Kombinierter Verkehr   1.01

Der LKW-Transport ist in der Fläche unverzichtbar. Sinnvolle Kombinationen ergeben sich daher insbesondere im Vor- und Nachlauf mit anderen Verkehrsträgern.

Nennen Sie für folgende Transportbeispiele die

- Art des Kombinierten Verkehrs
- Länder der Abgangs- und Empfangsorte im Hauptlauf

Transportbeispiele:

a) Anlieferung von containerisierten „perishable goods" in Atlanta zur Verstauung in einen Unterflur-Laderaum für die Weiterbeförderung nach Nairobi

b) Transport eines 20' Containers mit dem LKW in den Duisburger Hafen für den Weitertransport nach Kehl

c) Verladung eines LKW mittels Ro/Ro-Technik für die Relation Calais-Dover

Fall 1

Situation:

Die SPEDAIX GmbH unterhält regelmäßig LKW-Sammelgutverkehre nach Süddeutschland, die mit eigenem Fuhrpark abgewickelt werden.

An einem Montagabend stehen folgende Partien zur Verladung an:

Partie	Zustellungsart	Sendungs-gewicht in kg	Anzahl und Palettenart Stapelfaktor	PLZ	Zielort
1	Sammelgut	3 800	8 EP SF = 0	68259	Mannheim
2	Sammelgut	4 200	10 EP SF = 0	60489	Frankfurt/Main
3	Sammelgut	2 800	6 EP SF = 0	76139	Karlsruhe
4	Direktzustellung	4 800	10 EP SF = 0	67071	Ludwigshafen
	Summe	15 600	34 EP		

Bei der Rückfahrt soll das Fahrzeug in 64295 Darmstadt folgende Partien übernehmen:

Partie	Zustellungsart	Sendungs-gewicht in kg	Anzahl und Palettenart Stapelfaktor	PLZ	Zielort
1	Sammelgut	8 500	20 EP SF = 0	51109	Köln
2	Sammelgut	4 900	12 EP SF = 0	52070	Aachen
	Summe	13 400	32 EP		

Ein für den Transport geeignetes Fahrzeug, Sattelzug mit einer Nutzlast von 24 t, Nutzfläche 13,60 m x 2,44 m, steht am Abend für die Beladung bereit. Die Tour wird vom Fahrer, Herrn FRIEDRICHS, durchgeführt, der an diesem Abend seine Schicht beginnt. Das Fahrzeug verlässt den Speditionshof um 23:00 Uhr.

a) Als verantwortliche(r) Disponent(in) sollen Sie die Tour planen. In welcher Reihenfolge sollen die süddeutschen Städte angefahren werden?

   Begründen Sie Ihre Entscheidung!

b) In welcher Reihenfolge soll das Fahrzeug beladen werden (Stauplan)?

c) Ein anderes Fahrzeug der Spedition fährt am selben Abend Richtung Norden in die Nähe von 29614 Soltau. Die Entfernung beträgt 412,5 km. Zu welcher Uhrzeit etwa erreicht das Fahrzeug den Zielort, wenn es im Durchschnitt rund 75 km/h fährt und um 22:30 Uhr in Aachen abfährt?

Fortsetzung auf der nächsten Seite

Tourenplanung

Fortsetzung

Fall 2

Situation:

Als Disponent der Spedition J. W. Karl e. K., 76131 Karlsruhe, sind Sie zuständig für die Planung und Durchführung von Transporten in den norddeutschen Raum. Sie erhalten am Montag, 13.11. d. J., folgende Aufträge per Fax:

FAX Auftrag Nr. 1 Eingang: 09:07 Uhr 20..-11-13	Versender: STAHLBAU AG (B-Kunde)
	Tour: 76131 Karlsruhe – 38442 Wolfsburg, 500 km
	1 Ladung Stahlschränke (55 Stück), nicht stapelbar
	Maße pro Stück: 65 cm x 65 cm x 165 cm (L x B x H)
	Gewicht pro Stück: 115 kg
	Ladedatum: 14.11. d. J., 08:00 Uhr bis 12:00 Uhr
	Entladedatum: spätestens 16.11. d. J., 12:00 Uhr
	Nettopreis: 990,00 Euro lt. Vereinbarung

FAX Auftrag Nr. 2 Eingang: 09:09 Uhr 20..-11-13	Versender: J. MATZINGER e. K. (B-Kunde)
	Tour: 70188 Stuttgart – 18059 Rostock, 820 km
	1 Ladung: 32 EP Werkzeuge (Zangen, Bohrer, Schraubendreher u. dgl.), nicht stapelbar
	Gewicht der Sendung: 18,6 t
	Ladedatum: 14.11. d. J., 11:00 Uhr fix
	Entladedatum: spätestens 16.11. d. J., 11:00 Uhr
	Nettopreis: 1.690,00 Euro lt. Vereinbarung

Am 10.11. d. J. wurde folgende Rückladung vereinbart:

Versender: INKEN GmbH (A-Kunde)
23562 Lübeck – 64293 Darmstadt, 580 km
33 EP Bücher (19,8 t), nicht stapelbar
Ladedatum: spätestens 16.11. d. J., 11:00 Uhr
Entladedatum: ab 17.11. d. J.
Vereinbarter Nettopreis: 1.020,00 Euro

Für den Selbsteintritt steht der Spedition J. W. Karl e. K. folgendes Fahrzeug zur Verfügung:
Sattelzugmaschine (3-Achs-Auflieger), 13,6 Lademeter, 23 t Nutzlast, Kofferaufbau, 1 Fahrer, Standort: Karlsruhe.

Alternativ (zum Selbsteintritt) sind folgende Preise von Subunternehmern bekannt:

Auftragsumfang (mit oder ohne Rückladung)		Festpreis in Euro
Karlsruhe-Wolfsburg bzw. Lübeck-Darmstadt	ohne Rückladung	900,00
	mit Rückladung	1.900,00
Stuttgart-Rostock bzw. Lübeck-Darmstadt	ohne Rückladung	1.550,00
	mit Rückladung	2.600,00

Fortsetzung auf der nächsten Seite

1.02

Fortsetzung

Fall 2

Situation:

Folgende Kalkulationsdaten sind gegeben:

Fixe Selbstkosten pro Tag (Tagessatz)	Zugmaschine	165,00 Euro
	Sattelauflieger	65,00 Euro
Variabler Kilometersatz (Zugmaschine mit Sattelauflieger)		0,92 Euro
Maut (Euronorm IV) je km		0,183 Euro
Mautpflichtiger Streckenanteil		95 %
Kalkulatorische Leerkilometer/Transport (100 % mautpflichtig)		120 km
Kalkulatorischer Gewinnzuschlag		3 1/3 %
Geplante Transportdauer	Auftrag 1	1 Tag
	Auftrag 2	2 Tage
	Rückladung	1 Tag

a) Kalkulieren Sie die Nettofrachten (Selbstkosten + Gewinnzuschlag) für die beiden Aufträge und die Rückladung.

b) Begründen Sie, welchen Auftrag Sie unter Kostenaspekten im Selbsteintritt ausführen würden.

c) Begründen Sie, ob die Rückladung für Ihr Unternehmen unter Kosten- und akquisitorischen Gesichtspunkten interessant ist.

d) Begründen Sie, ob für Ihr Fahrzeug die Aufträge 1 und 2 zusammengefasst werden könnten.

e) Ermitteln Sie das Rohergebnis für die 3 Transporte/Aufträge unter Berücksichtigung Ihrer Einsatzentscheidung aus b).

f) Wie sähe Ihr Rohergebnis aus, wenn Sie kein eigenes Fahrzeug einsetzen könnten und Sie alle Transportleistungen beim Subunternehmer einkaufen müssten?

Alpentransit 1.03

Eine Besonderheit des grenzüberschreitenden Straßengüterverkehrs stellt der Alpentransit dar. Passstraßen und Tunnel sorgen für eine Verbindung zwischen den Alpenanrainerstaaten.

a) Nennen Sie die Nachbarstaaten der Alpenländer Schweiz und Österreich.

b) Folgende Karte zeigt die von 1 bis 14 durchnummerierten Pässe bzw. Tunnel zur Durchquerung des Alpenraumes.

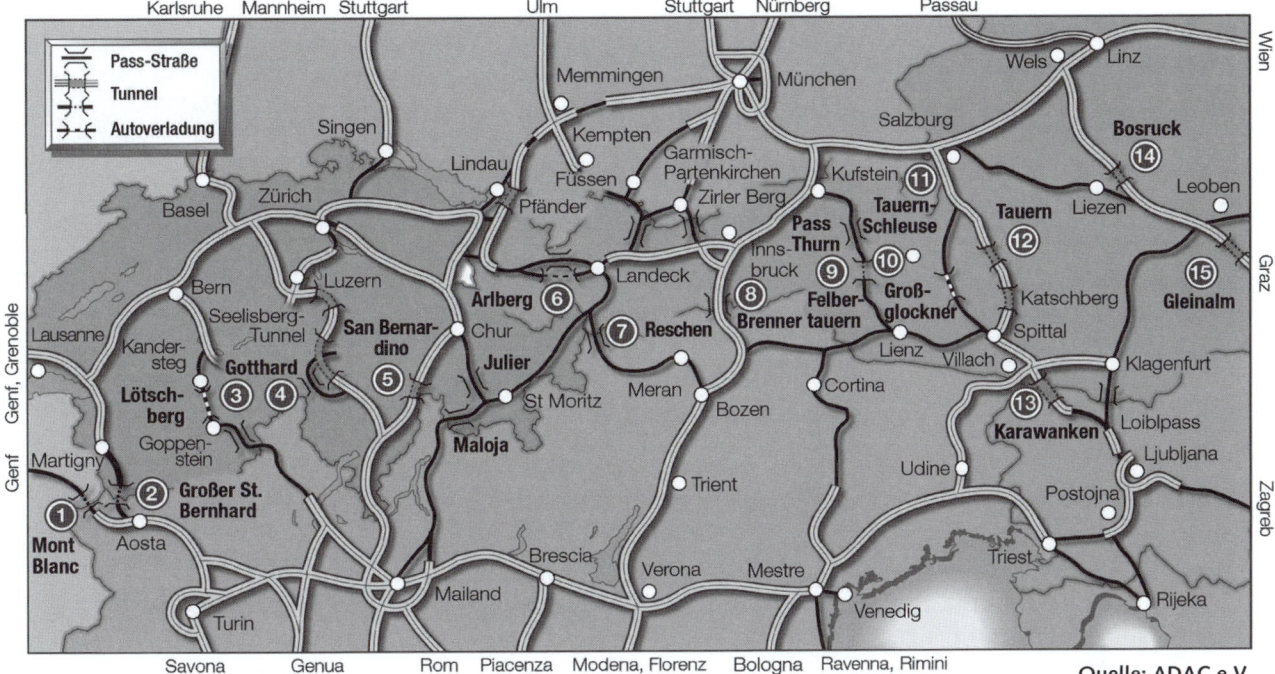

Quelle: ADAC e.V.

ba) Welche dieser nummerierten Pässe bzw. Tunnel gehören (gänzlich bzw. teilweise) zum Hoheitsgebiet der Schweiz?

bb) Welcher der Pässe/Tunnel führt zur slowenischen Hauptstadt?

bc) Ein LKW-Transport soll von Konstanz nach Meran durchgeführt werden. Welche der nummerierten Pässe bzw. Tunnel werden auf dem kürzesten Weg passiert?

1.04 Fahrzeugtypen

Die im Straßenverkehr eingesetzten Fahrzeuge müssen neben den Vorschriften der Straßenverkehrs-Zulassungsordnung (StVZO) auch den unterschiedlichen Be- und Entladebedürfnissen genügen.

a) Nennen Sie die gemäß StVZO maximal erlaubten Maße bzw. Gewichte für die Kraftfahrzeuge und Anhänger sowie Fahrzeugkombinationen und zwar hinsichtlich ...

- Länge (des Lastzuges)
- Breite
- Höhe
- Zulässiges Gesamtgewicht

b) Erklären Sie die Besonderheiten folgender Fahrzeugtypen:

- Tautliner
- Curtainsider
- Jumbo
- Isotherm-Fahrzeug

c) Für eine Messeveranstaltung sind mehrere unförmige Exponate aus Styropor und Schaumstoff im Gesamtgewicht von 7,9 t und einem Volumen von 105 cbm zu verladen.

Für den Transport wird ein geeignetes Fahrzeug gesucht. Welches Fahrzeug empfehlen Sie? Begründen Sie, warum ein konventioneller Last- bzw. Sattelzug nicht infrage kommt.

d) Ein Großspediteur denkt über den Einsatz sog. „EuroCombis" (auch Mega-Trucks genannt) nach. Das sind Lastzüge mit bis zu 60 Tonnen Gesamtgewicht und einer Länge von über 25,25 m, deren Einsatz und Tauglichkeit derzeit noch erprobt wird.

Führen Sie je zwei betriebliche bzw. verkehrspolitische Vor- und Nachteile an, die der Einsatz solcher Fahrzeuge mit sich bringen könnte.

e) Eine Sendung Textilien, die aus losen Kartons besteht, soll von Hamburg nach München in Sammelladung transportiert werden. Für die Beförderung steht ein Sattelzug zur Verfügung. Da München die erste Anlieferungsstelle ist, müssen die Kartons als Letztes verladen werden.

Folgende Angaben sind zu berücksichtigen:

- 432 Kartons: Maße je 60 cm x 40 cm x 25 cm, Gewicht je 5 kg
- Europaletten: Maße je 1 200 mm x 800 mm x 150 mm, Eigengewicht je 25 kg, NL (max.) je 1 000 kg
- Sattelzug: Ladefläche 13,60 m x 2,44 m, Ladehöhe (max.) 2,50 m; NL (max.) 26 t

Berechnen Sie die benötigten Lademeter bei Vollpalettierung sowie die Nutzlastbeanspruchung des LKW. Schildern Sie, wie Sie die Kartons beförderungs- und transportsicher verladen.

Incoterms FCA und CIP   **1.05**

Durch Vereinbarung im Kaufvertrag legen die Vertragspartner u. a. fest, wer welche Kosten und Gefahren des Transportes zu tragen bzw. bestimmte Pflichten wahrzunehmen hat.

Situation:

Sie sind als Mitarbeiter in einer Düsseldorfer Spedition mit Selbsteintritt für die Exportgeschäfte Ihrer Kunden verantwortlich und sollen für die Transportfälle 1 und 2 folgende Fragen klären:

Transportfall 1

Ein Versender aus Köln übergibt Ihnen eine Sendung, die nach Poznan (Posen) zum Empfänger transportiert werden soll. Im Kaufvertrag wurde die Klausel „FCA Köln gemäß Incoterms 2010" vereinbart.

a) Wofür steht die Klausel FCA?

b) Wer ist verpflichtet, den Frachtvertrag mit Ihnen abzuschließen?

c) Wann ist die Lieferung für den Versender abgeschlossen?

d) Ab welchem Zeitpunkt hat der Käufer (Empfänger) Gefahren und Kosten zu tragen?

e) Wer trägt die Kosten für die Ausfuhr- bzw. Einfuhrformalitäten?

f) Für den Liefernachweis haben die Vertragspartner eine „EDI message" vereinbart. Was bedeutet dies konkret?

Transportfall 2

Ein Industriebetrieb aus Solingen verpflichtet sich kaufvertraglich eine Maschine im Wert von 80.000 € nach Prag zu liefern. Im Vertrag wurde „CIP Prag gemäß Incoterms 2010" vereinbart.

a) Wofür steht die Klausel CIP?

b) Wer ist verpflichtet den Beförderungsvertrag abzuschließen?

c) Warum nennt man die CIP-Klausel „Zweipunkt-Klausel"?

d) Der Prager Käufer verlangt, dass beim Abschluss der Transportversicherung ein imaginärer Gewinn mitversichert wird und bittet um Angabe des Deckungsumfangs. Wer hat in welchem Umfang die Versicherung abzuschließen?

e) Wer trägt die Kosten für die Ausfuhr- und Einfuhrformalitäten?

1.06 Besondere Versandverfahren

Fall 1:

Einer Ihrer Kunden, die G & L Service GmbH, 52062 Aachen, Jülicher Str. 488, hat sich auf die Wartung und Reparatur von Stromumrichter-Anlagen im Ausland spezialisiert und beabsichtigt nun 2 Monteure nach Kapstadt zu entsenden, die vor Ort einige dieser Anlagen warten und reparieren sollen. Um diese Arbeiten entsprechend ausführen zu können, muss Spezialwerkzeug im Gesamtgewicht von 45 kg nach Kapstadt vorübergehend verbracht werden.

Für diese besondere Versandart soll das auf der nebenstehenden Seite abgebildete Formular verwendet werden.

a) Um welches Versandverfahren handelt es sich?

b) Wofür steht die Abkürzung A.T.A.?

c) Klären Sie, ob es für den Zielort der Reparaturen gültig ist.

d) Bei wem ist das Carnet zu beantragen?

e) Begründen Sie, ob für Ihren Kunden eine Sicherheitsleistung erforderlich ist.

f) Das Carnet enthält als Einlegeblatt eine sog. „Allgemeine Liste" (General List).
   Welche Eintragungen sind hier vorzunehmen und welche Funktion hat das Carnet für diesen Teil?

Fortsetzung auf den nächsten Seiten

Anlage zu 1.06 / Fall 1

ISSUING ASSOCIATION
Association émettrice
Ausgebender Verband

INTERNATIONAL GUARANTEE CHAIN
CHAINE DE GARANTIE INTERNATIONALE
INTERNATIONALE BÜRGSCHAFTSKETTE

DIHK

A.T.A. CARNET FOR TEMPORARY ADMISSION OF GOODS
CARNET A.T.A. POUR L'ADMISSION TEMPORAIRE DES MARCHANDISES
CARNET A.T.A. FÜR DIE VORÜBERGEHENDE EINFUHR VON WAREN

CUSTOMS CONVENTION ON THE A.T.A. CARNET FOR THE TEMPORARY ADMISSION OF GOODS / *CONVENTION DOUANIERE SUR LE CARNET A.T.A.*
POUR L'ADMISSION TEMPORAIRE DES MARCHANDISES / ZOLLÜBEREINKOMMEN ÜBER DAS CARNET A.T.A. FÜR DIE VORÜBERGEHENDE EINFUHR VON WAREN
(Before completing the Carnet, please read Notes on cover page 3 / *Avant de remplir le carnet, lire la notice en page 3 de la couverture* / Bitte erst die Anleitung auf Seite 3 des Umschlagblattes lesen, dann das Carnet ausfüllen)

100 W.C.F.

A T A C A R N E T / **C A R N E T A T A**

A. HOLDER AND ADDRESS / *Titulaire et adresse* / Inhaber und Anschrift

G. FOR ISSUING ASSOCIATION USE / *Réservé a l'association émettrice* / Vom ausgebenden Verband auszufüllen

FRONT COVER / *Couverture* / Vorderes Umschlagblatt

a) **CARNET No.**
Carnet N°.
Carnet Nr.

DE

NUMBER OF CONTINUATION SHEETS:
Nombre de feuilles supplémentaires: / Anzahl der Zusatzblätter: _____

B. REPRESENTED BY* / *Représenté par** / Vertreten durch*

b) **ISSUED BY** / *Delivré par* / Ausgegeben durch

C. INTENDED USE OF GOODS / *Utilisation prévue des marchandises* / Beabsichtigte Verwendung der Waren

c) **VALID UNTIL** / *Valable jusqu'au* / Gültig bis

year	month	day (inclusive)
année	*mois*	*jour (inclus)*
Jahr	Monat	Tag (einschließlich)

P. THIS CARNET MAY BE USED IN THE FOLLOWING COUNTRIES / CUSTOMS TERRITORIES UNDER THE GUARANTEE OF THE ASSOCIATIONS LISTED ON PAGE FOUR OF THE COVER: / *Ce carnet est valable dans les pays / territoires douaniers ci-après, sous la garantie des associations reprises en page quatre de la couverture.* / Dieses Carnet ist in nachstehenden Ländern / Zollgebieten unter Bürgschaft der Verbände gültig, die auf Seite vier des Umschlags aufgelistet sind.

ALGERIA (DZ)	**INDIA (IN)**	**SENEGAL (SN)**
ANDORRA (AD)	**IRAN (IR)**	**SERBIA (CS)**
AUSTRALIA (AU)	**IRELAND (IE)**	**SINGAPORE (SG)**
AUSTRIA (AT)	**ISRAEL (IL)**	**SLOVAKIA (SK)**
BELARUS (BY)	**ITALY (IT)**	**SLOVENIA (SI)**
BELGIUM (BE)	**JAPAN (JP)**	**SOUTH AFRICA (ZA)**
BULGARIA (BG)	**KOREA (KR)**	**SPAIN (ES)**
CANADA (CA)	**LATVIA (LV)**	**SRI LANKA (LK)**
CHILE (CL)	**LEBANON (LB)**	**SWEDEN (SE)**
CHINA (CN)	**LITHUANIA (LT)**	**SWITZERLAND (CH)**
IVORY COAST (CI)	**LUXEMBOURG (LU)**	**THAILAND (TH)**
CROATIA (HR)	**MACEDONIA (MK)**	**TUNISIA (TN)**
CYPRUS (CY)	**MALAYSIA (MY)**	**TURKEY (TR)**
CZECH REPUBLIC (CZ)	**MALTA (MT)**	**UNITED KINGDOM (GB)**
DENMARK (DK)	**MONGOLIA (MN)**	**UNITED STATES OF AMERICA (US)**
ESTONIA (EE)	**MOROCCO (MA)**	
FINLAND (FI)	**MAURITIUS (MU)**	
FRANCE (FR)	**NETHERLANDS (NL)**	
GERMANY (DE)	**NEW ZEALAND (NZ)**	
GIBRALTAR (GI)	**NORWAY (NO)**	
GREECE (GR)	**POLAND (PL)**	
HONG KONG (HK)	**PORTUGAL (PT)**	
HUNGARY (HU)	**ROMANIA (RO)**	
ICELAND (IS)	**RUSSIAN FEDERATION (RU)**	

THE HOLDER OF THIS CARNET AND HIS REPRESENTATIVE WILL BE HELD RESPONSIBLE FOR COMPLIANCE WITH THE LAWS AND REGULATIONS OF THE COUNTRY / CUSTOMS TERRITORY OF DEPARTURE AND THE COUNTRIES / CUSTOMS TERRITORIES OF IMPORTATION. / *A charge pour le titulaire et son représentant de se conformer aux lois et règlements du pays / territoire douanier de départ et des pays / territoires douaniers d'importation.* / Der Carnetinhaber und sein Vertreter haben die Gesetze und sonstigen Vorschriften des Ausgangslandes/Ausgangszollgebietes und der Einfuhrländer/Einfuhrzollgebiete zu beachten.

H. CERTIFICATE BY CUSTOMS AT DEPARTURE / *Attestation de la douane, au départ* / Bescheinigung der Zollbehörden bei Abgang

a) **IDENTIFICATION MARKS HAVE BEEN AFFIXED AS INDICATED IN COLUMN 7 AGAINST THE FOLLOWING ITEMS NO(S) OF THE GENERAL LIST** / *Apposé les marques d'identification mentionnées dans la colonne 7 en regard du (des) numéro(s) d'ordre suivant(s) de la liste générale* / Die in Spalte 7 vermerkten Nämlichkeitsmittel wurden an den in der Allgemeinen Liste unter folgende(r)(n) Nummer(n) aufgeführten Waren angebracht

b) **GOODS EXAMINED*** / *Vérifié les marchandises** / Die Waren wurden beschaut*

YES / *Oui* / Ja ☐   **NO** / *Non* / Nein ☐

c) **REGISTERED UNDER REFERENCE NO*** _____
*Enregistré sous le numéro**
Eingetragen unter Nr.*

I. SIGNATURE OF AUTHORISED OFFICIAL AND STAMP OF THE ISSUING ASSOCIATION / *Signature du délégué et timbre de l'association émettrice* / Unterschrift des Beauftragten und Stempel des ausgebenden Verbandes

PLACE AND DATE OF ISSUE (year / month / day)
Lieu et date d'emission (année / mois / jour)
Ort und Ausgabedatum (Jahr / Monat / Tag)

J.

d)
CUSTOMS OFFICE	**PLACE**	**DATE (YEAR / MONTH / DAY)**	**SIGNATURE AND STAMP**
Bureau de douane	*Lieu*	*Date (année / mois / jour)*	*Signature et timbre*
Zollamt	Ort	Datum (Jahr / Monat / Tag)	Unterschrift und Stempel

X _____ **X**
SIGNATURE OF HOLDER / *Signature du titulaire* / Unterschrift des Inhabers

*) If applicable / * *S'il y a lleu* / * Soweit zutreffend

WILHELM KÖHLER VERLAG   Bestell-Nr. 800

23272 Minden, Postfach 1281, Telefon 05 71/8 28 23 0, Telefax 05 71/8 28 23 23
60323 Frankfurt/M., Telemannstr. 13, Telefon 069/97 20 25 97 +98, Telefax 069/72 72 96
20095 Hamburg, Mönckebergstr. 11, Telefon 040/30 38 05 33 +34, Telefax 040/33 77 23
53113 Bonn, Kaiserstr. 15, Telefon 0228/22 40 60, Telefax 0228/26 16 40
04317 Leipzig, Köpenheimstr. 12, Telefon 0341/2 61 45 10 +11, Telefax 0341/2 61 94 07

WK

1.06

Fortsetzung

Fall 2:

Ein Fahrzeug der SPEDAIX GmbH soll Büromaschinen eines Exporteurs aus 24768 Rendsburg nach St. Petersburg befördern. Der LKW soll dabei die Fährverbindungen Kiel – Göteborg sowie Stockholm – Helsinki nutzen. Das Fahrzeug wird mit folgender Tafel gekennzeichnet:

a) Welches Versandverfahren kommt zur Anwendung?

b) Welchen drei Anforderungen muss das im TIR-Verfahren eingesetzte Fahrzeug genügen?

c) Wer stellt das Carnet aus und wer ist die deutsche Ausgabestelle?

d) Welche Länder durchfährt der LKW auf seiner Fahrt nach St. Petersburg?

e) Für die Rückfahrt kann der LKW in St. Petersburg 11 t Textilien laden, die für einen Empfänger in Hamburg bestimmt sind. Erläutern Sie, ob diese Rückladung im Rahmen des laufenden TIR-Versandverfahrens abgewickelt werden darf.

f) Ändert sich Ihr Ergebnis aus e), wenn die Rückladung statt in St. Petersburg in Helsinki aufgenommen wird? Begründen Sie Ihre Antwort.

Anlage zu 1.06
Fall 2

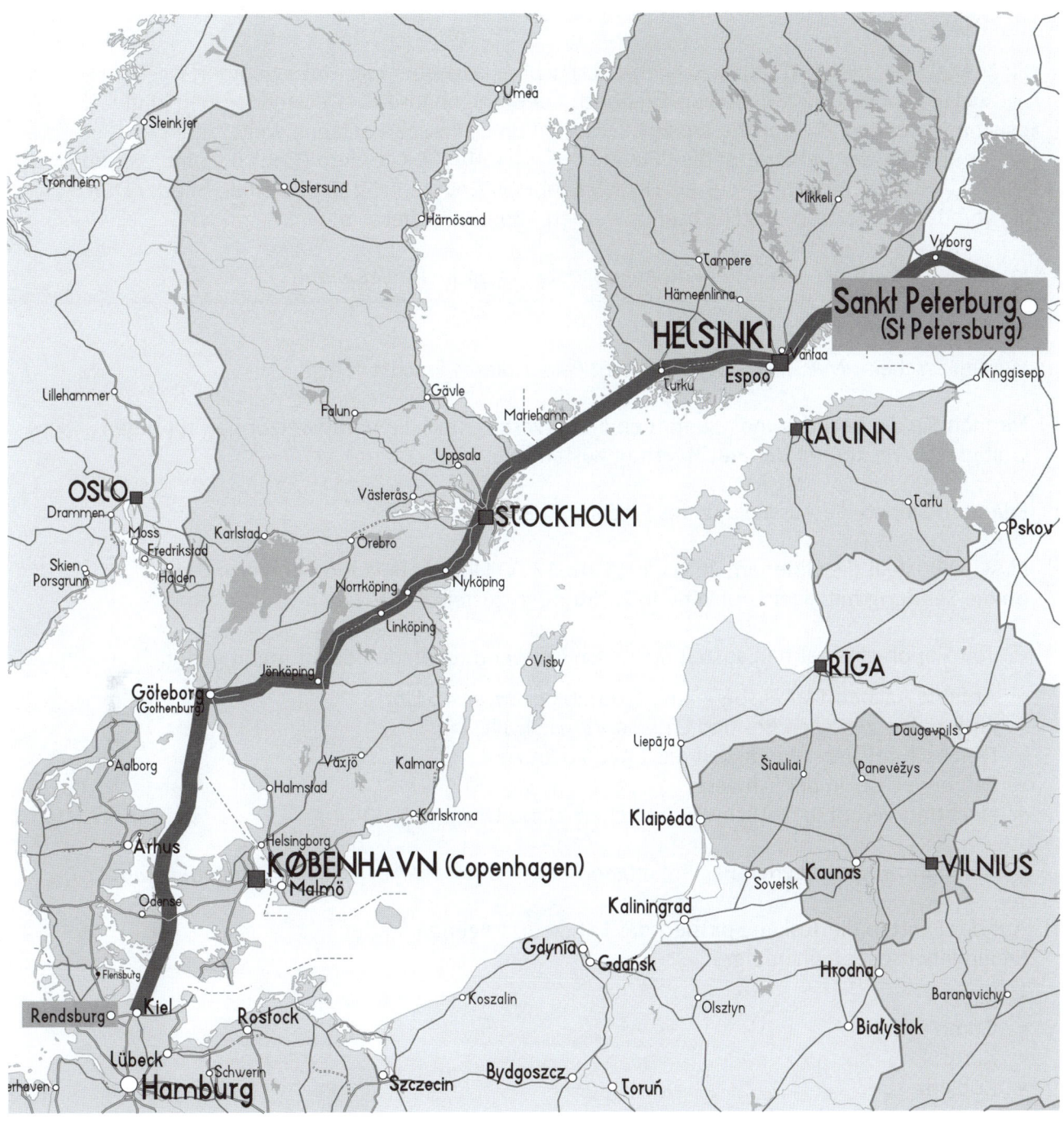

1.07   Grenzüberschreitender Güterkraftverkehr

Die **Aufgaben 1.08 – 1.09** beziehen sich auch auf diese Ausgangssituation.

> **Situation:**
>
> Die MAGILUX OHG in D52074 Aachen-Laurensberg lässt über ihre Hausspedition INTER-CAROLUS GmbH, D52080 Aachen-Eilendorf, Edelstahlgehäuse für Designerlampen in die Toskana versenden, die dort für die Beleuchtung von Schlossparkanlagen weiterverarbeitet werden. Käufer der Gehäuse ist die BELLALUX S.L. in I58100 Grosseto (Centro Commerciale). INTER-CAROLUS beauftragt die AIXTRANS GmbH & Co. KG, D52224 Zweifall, mit der Durchführung des Transportes. Als Frachtpreis werden 775,00 € vereinbart.
>
> Der Sendung wird der nebenstehend abgebildete Frachtbrief beigegeben.

a) Warum erscheint MAGILUX OHG nicht im Feld 1 dieses Frachtbriefes?

b) Nennen Sie die Rechtsgrundlage für den Frachtvertrag und die Voraussetzungen für deren Gültigkeit. Wie kommt der Frachtvertrag zustande?

c) Erläutern Sie, ob die Ausstellung des Frachtbriefes zwingend ist?

d) MAGILUX stellt die Güter am 26.03.2011 für 17:00 Uhr zur Beladung bereit und fragt an, ob die Sendung mit einer Laufzeit von 24 Stunden zustellbar ist.

   Prüfen Sie, ob eine solche Laufzeit realistisch ist, wenn folgende Bedingungen gelten:

   • Abfahrt Aachen-Laurensberg am 26.03.2011 um 19:15 Uhr
   • Entfernung zwischen Be- und Entladeort: ca. 1 310 km
   • Durchschnittsgeschwindigkeit des LKW 70 km/h
   • Fahrerwechsel in der Schweiz
   • Nachtfahrverbot in der Schweiz zwischen 22:00 Uhr und 5:00 Uhr

e) Welche fahrzeugbezogenen Papiere müssen dem Fahrer der AIXTRANS mitgegeben werden?

f) Auf der Fahrt in die Toskana passiert das Fahrzeug folgende Städte (in alphabeitscher Reihenfolge):

   • Basel
   • Como
   • Karlsruhe
   • Koblenz
   • Luzern
   • Mailand
   • Parma
   • Pisa
   • Worms

   Bringen Sie diese Städte gemäß der Fahrtstrecke in die richtige Reihenfolge!

Anlage zu 1.07

1	Absender (Name, Anschrift, Land)		INTERNATIONALER

1 Absender (Name, Anschrift, Land)

INTER CARLOUS GmbH
Von-Coels-Str. 777
D52080 Aachen

INTERNATIONALER

FRACHTBRIEF

Diese Beförderung unterliegt trotz einer gegenteiligen Abmachung den Bestimmungen des Übereinkommens über den Beförderungsvertrag im internationalen Straßengüterverkehr (CMR).

2 Empfänger (Name, Anschrift, Land)

BELLALUX S.L.
Via Poggi di Sasso
Centro Commerciale
I58100 Grosseto

16 Frachtführer (Name, Anschrift, Land)

AIXTRANS GmbH & Co. KG
Wolfsbergstr. 299
D52224 Zweifall

3 Auslieferungsort des Gutes

Ort I58100 Grosseto
Land Italien

17 Nachfolgende Frachtführer (Name, Anschrift, Land)

4 Ort und Tag der Übernahme des Gutes

Ort D52074 Aachen
Land Deutschland
Datum 2011-03-26

18 Vorbehalte und Bemerkungen der Frachtführer

5 Beigefügte Dokumente

6 Kennzeichen und Nummern	7 Anzahl der Packstücke	8 Art der Verpackung	9 Bezeichnung des Gutes	10 Statistiknummer	11 Bruttogewicht t in kg	12 Umfang in m
	30 EP	900 Kartons	Gehäuse aus feinstem Edelstahl		13.995	

13 Anweisungen des Absenders (Zoll- und sonstige amtliche Behandlung)

14 Gefahrgut-Klassifikation — Nettomasse kg/l

UN-Nr. — Offizielle Benennung

Nummer Gefahrzettelmuster — Verpackungsgruppe

15 Frachtzahlungsanweisungen

19 Besondere Vereinbarungen

20 Ausgefertigt in Aachen am 2011-03-26 20

23 Gut empfangen Datum Am 20

21 INTER CAROLUS GmbH

Unterschrift und Stempel des Absenders

22 AIXTRANS GmbH & Co. KG

Unterschrift und Stempel des Frachtführers

Unterschrift und Stempel des Empfängers

24 KFZ Anhänger	Amtl. Kennzeichen	Nutzlast in kg
	AC-SN 200	22.000

1.08   Funktionen des Frachtbriefes

Frau Cipriani, Geschäftsführerin der BELLALUX S.L., ist am Morgen des 27.03.2011 bei der Firma MAGILUX OHG mit dem geschäftsführenden Gesellschafter Herrn Heimann verabredet. Beide kommen auf die am Vorabend auf den Weg gebrachte Sendung zu sprechen und vereinbaren eine Kaufpreisanzahlung von 20.000 €, die Frau Cipriani in Form eines Verrechnungsschecks zu zahlen bereit ist, falls ihr das Absender-Exemplar des CMR-Frachtbriefs ausgehändigt wird.

a) Welches Motiv hat Frau Cipriani für diese Aushändigung?

b) Nennen Sie weitere (**mindestens 3**) Funktionen des CMR-Frachtbriefes.

1.09   Haftung nach CMR

Auf der Fahrt in die Toskana gerät der LKW kurz hinter Follonica auf der Strada Statale 1 Aurelia in einer Kurve in einen Verkehrsstau, der sich infolge eines kurz vorher ereigneten Unfalls ergeben hat. Der LKW-Fahrer bemerkt das Stauende zu spät und fährt mit überhöhter Geschwindigkeit auf. Es kommt zu einem Totalschaden an den vorderen 4 Paletten. Die restliche Sendung bleibt schadlos, kann jedoch nicht mehr am selben Tag zugestellt werden.

MAGILUX meldet über INTER-CAROLUS folgende Schäden an:

Wert der Gesamtsendung (lt. Handelsrechnung)	174.937,50 €
Wert der beschädigten Gehäuse	23.325,00 €
Gewicht der beschädigten Gehäuse	1 866 kg
An BELLALUX zu zahlende Vertragsstrafe für verspätete Anlieferung:	5.000,00 €

1 SZR = 1,2279 €

a) Nennen Sie die Schadensarten, die hier eingetreten sind.

b) Ein Mitarbeiter der AIXTRANS äußert sich der INTER-CAROLUS gegenüber, sich von der Haftung „freizeichnen" zu können, da der Verkehrsstau nicht vorhersehbar gewesen sei.

Erläutern Sie, ob die Voraussetzungen einer Freizeichnung gegeben sind.
Gehen Sie dabei auch auf das Prinzip der CMR-Haftung ein.

c) Bestimmen Sie die Höhe der tatsächlich zu zahlenden Ersatzleistung.

d) Wodurch könnte die durch Haftungsbegrenzung entstehende Deckungslücke vermieden werden?

Grenzüberschreitender Güterkraftverkehr (Gefahrgut) 1.10

Am heutigen Vormittag erhalten Sie von Herrn Sabowsky, dem neuen Versand-Mitarbeiter Ihres langjährigen Kunden COLORLACK AG, 76139 Karlsruhe, folgende Auftragsdaten:

Ort der Verladung:	Bertha-von-Suttner-Str. 222, D-76139 Karlsruhe COLORLACK AG
Empfangsadresse:	Via XXIV Maggio 133, I-57100 Livorno, G. CARTUSO SpA
Sendungsdaten:	• 56 Fässer Verdünnung (SF 0), Gefahrgut der Klasse 3 • 40 Fässer Hydrolack (SF 0), kein Gefahrgut Durchmesser je Fass 600 mm Höhe je Fass 900 mm Gewicht je Fass 188 kg

Der COLORLACK AG, die regelmäßig Sendungen nach Italien verlädt, liegen folgende Preisofferten Ihres Hauses vor:

Italien-Transporte in die …	
PLZ-Region I-2	4,95 Euro/100 kg
PLZ-Region I-5	5,15 Euro/100 kg
Abrechnungsmodus:	Je Lademeter mindestens 1 500 kg

Ihre Spedition verfügt über Sattelzüge (Länge der Ladefläche 13,60 m) und Gliederzüge mit 2 Aufbauten (Länge der Ladefläche je 7,45 m).

Herr Sabowsky, der erst seit einigen Tagen bei der COLORLACK AG tätig ist, bittet Sie um Beantwortung und Begründung folgender Fragen:

a) Welches Fahrzeug gestellen Sie an der Ladeadresse?

b) Wie hoch wird die Nettofracht sein?

c) Worauf hat die COLORLACK AG hinsichtlich des Gefahrgutes zu achten (Dokumente, Deklaration im Frachtbrief)?

d) Welches Zollverfahren kommt zur Anwendung?

1.11 Lizenzen und Genehmigungen

Folgende Güterkraftverkehre sollen von am Beladeort ansässigen Unternehmen durchgeführt werden:

Transport-Nr.	Beladeort	Städte, die gemäß Tourenplanung passiert werden	Entladeort
1	Rostock	Erfurt, München	Füssen
2	Karlsruhe	Basel, Como	Genua
3	Kiel	Göteborg, Helsinki	St. Petersburg
4	Minsk	Warschau, Berlin	Hamburg
5	Potsdam	Mukran, Klaipéda	Riga
6	Sevilla	Cadiz, Tanger	Rabat

a) Nennen Sie (falls zutreffend) für die einzelnen Transporte die Transitstaaten.

Transport-Nr.	Transitstaat(en)
1	
2	
3	
4	
5	
6	

b) Nennen Sie für die einzelnen Transporte die Staaten der Versender- und Empfängeradressen sowie deren Hauptstädte:

Transport-Nr.	Staat des Beladeortes und seine Hauptstadt	Staat des Entladeortes und seine Hauptstadt
1		
2		
3		
4		
5		
6		

Fortsetzung auf der nächsten Seite

Lizenzen und Genehmigungen

1.11

Fortsetzung

c) Nennen Sie die bei den jeweiligen Transporten befahrenen EU-Staaten.

Transport-Nr.	Befahrene(r) EU-Staat(en)
1	
2	
3	
4	
5	
6	

d) Welche Lizenzen bzw. Genehmigungen sind für die einzelnen Transporte erforderlich?

Transport-Nr.	Lizenz bzw. Genehmigung
1	
2	
3	
4	
5	
6	

e) Unterscheiden Sie EU-Lizenz und CEMT-Genehmigung hinsichtlich

- des Geltungsbereiches
- der ausstellenden Behörde
- der Geltungsdauer
- der Wiedererteilung
- des Kabotagerechts

2.01 Kombinierter Verkehr (Straße-Schiene)

a) Beim Kombiverkehr auf der Schiene werden folgende Verladetechniken unterschieden:

Technik A

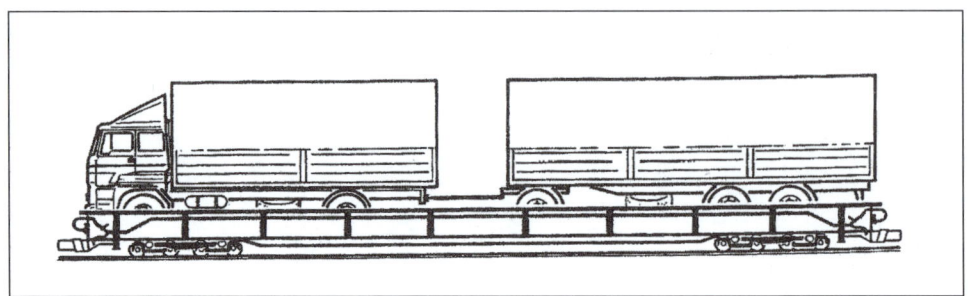

Technik B

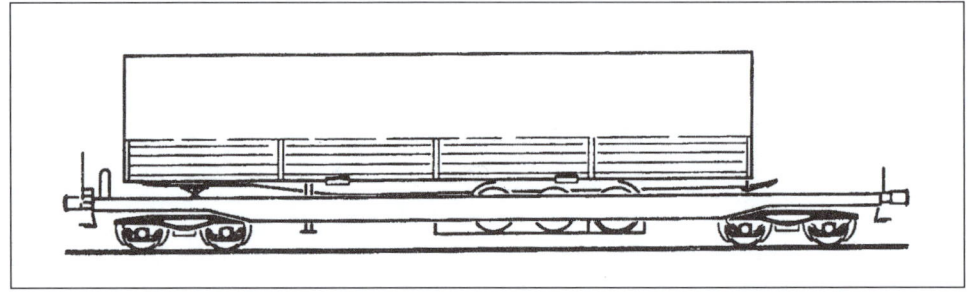

Technik C

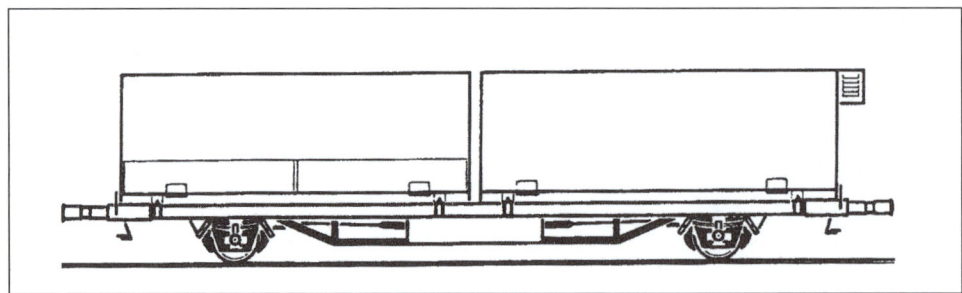

aa) Beschreiben Sie kurz die oben dargestellten Verladetechniken.

ab) Unterscheiden Sie zwischen begleitetem und unbegleitetem kombinierten Verkehr.

Fortsetzung auf der nächsten Seite

Kombinierter Verkehr (Straße – Schiene) 2.01

Fortsetzung

b) Ein Spediteur wird von einem Verlader beauftragt, einen Warentransport zu besorgen.
Die Sendung wird im kombinierten Verkehr befördert. Zu diesem Zweck schließt der Spediteur mit der Kombiverkehr KG (Vermarktungsgesellschaft der DB AG) einen Vertrag über die Besorgung dieses Transportes. Die Kombiverkehr KG schließt ihrerseits einen Frachtvertrag mit der Bahn (hier: DB Schenker Rail Deutschland AG) ab.

Um die Haftungssituation für diese 3 Verträge abzubilden wird folgende Übersicht entwickelt:

Vertragspartner	Rechtsgrundlage	Haftungsbestimmungen	
		Güterschäden	Verspätungsschäden
Auftraggeber und Spediteur		5 €/kg brutto bei Umschlagtätigkeiten 8,33 SZR/kg brutto bei Transportschäden	
	HGB		
Spediteur und Kombiverkehr KG	AGB der Kombiverkehr KG	für Schäden bei Umschlag und Beförderung für abgestellte und gelagerte Ladeeinheiten	
Kombiverkehr KG und DB Schenker Rail Deutschland AG		8,33 SZR/kg brutto	

Vervollständigen Sie die Übersicht zur Haftung durch Eintragen der fehlenden Passagen!

2.02   Ganzzugverkehre

Die DB Schenker Rail Deutschland AG als Führungsgesellschaft der DEUTSCHEN BAHN AG bietet im operativen Unternehmensbereich Transport und Logistik sog. „Ganzzugverkehre" an.

a) Erklären Sie, was man unter einem Ganzzugverkehr versteht.

b) Die DB Schenker Rail Deutschland AG bietet folgende Ganzzugprodukte an:

- Plantrain
- Variotrain
- Flextrain

Erläutern Sie kurz, welchen Kundenanforderungen die einzelnen Produkte jeweils genügen sollen.

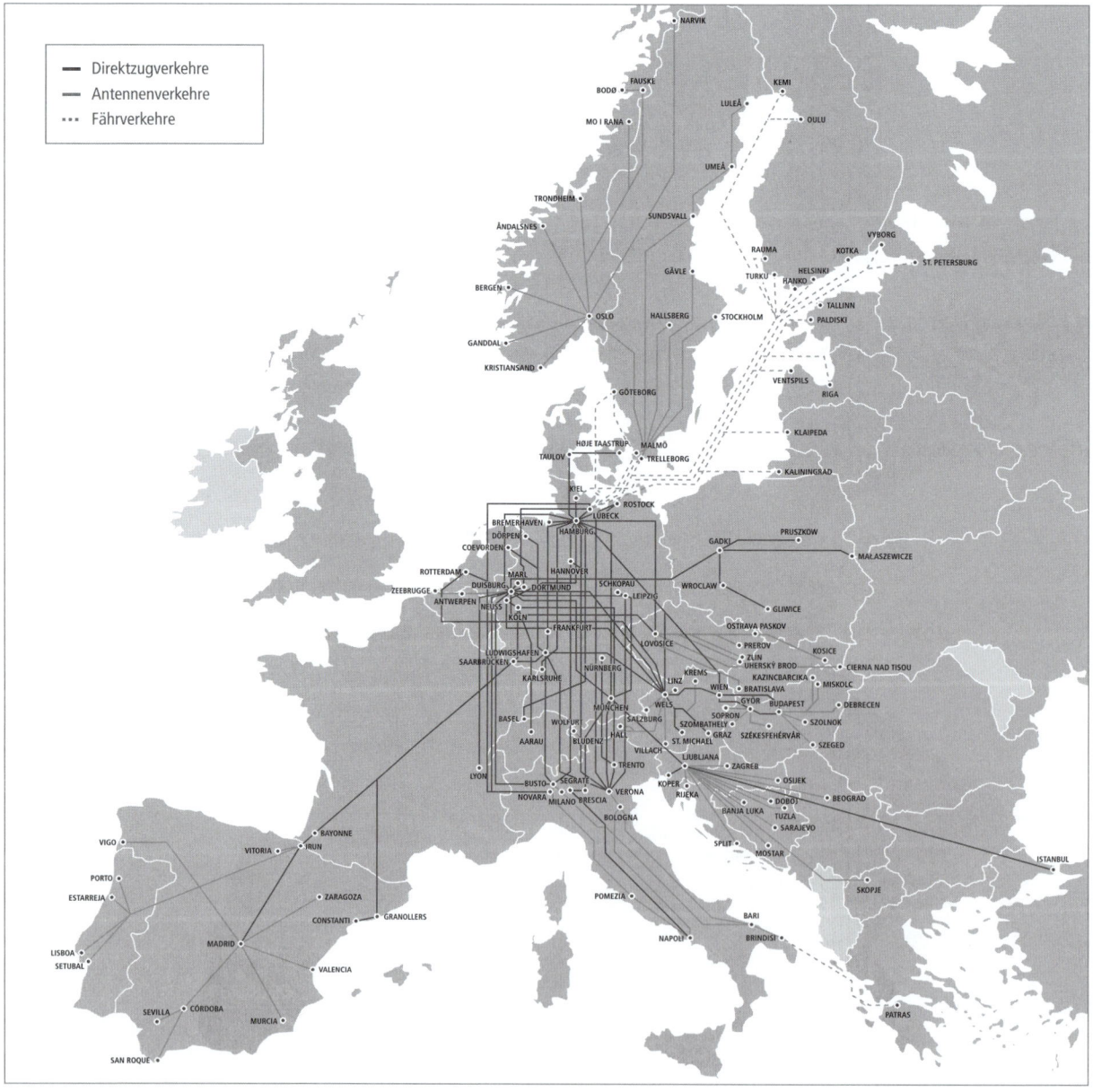

Quelle: Kombiverkehr Deutsche Gesellschaft für kombinierten Güterverkehr mbH & Co KG

Anschriftenbild eines Güterwagens 2.03

Die Beschriftung der Güterwagen gibt Auskunft über die technische Ausrüstung und internationale Verwendbarkeit des jeweiligen Wagens

Beispiel:

```
21 RIV
80 DB
453 8 465 – 5
Tbs
```

a) Erklären Sie die Bedeutung der beiden ersten Zeilenangaben.

b) Erklären Sie, woran man erkennen kann, für welche Geschwindigkeit der Wagen geeignet ist.

Lastgrenzenraster eines Güterwagens 2.04

An der Längsseite eines Wagens befindet sich folgendes Lastgrenzenraster:

	A	B	C
90	38 t	46 t	52 t
s	38 t	44,5 t	
ss		0,0 t	

Begründen Sie, bis zu wie viel Tonnen der Wagen im deutschen Streckennetz für Fahrten mit einer Höchstgeschwindigkeit von 100 km/h beladen werden darf.

Nationaler Schienentransport (Frachtvertrag) 2.05

Spediteur Edwin KOCH e. K. aus Frankfurt/Main will 11 t Werkzeuge von Frankfurt Hbf. an den Baumarkt Max BOHR GmbH in Münster/Westfalen Hbf. mit der Bahn zum Versand bringen.
Zu diesem Zweck bestellt KOCH beim KundenServiceZentrum der DB Schenker Rail Deutschland AG in Duisburg einen geeigneten Wagen.

a) Wie und wann kommt der Frachtvertrag zwischen KOCH und der DB Schenker Rail Deutschland AG zustande?

b) Welche Rechtsgrundlagen gelten für diesen Frachtvertrag? Gehen Sie kurz auf die grundsätzliche Rangfolge der Rechtsgrundlagen ein.

c) Erläutern Sie, ob für diesen Vertrag ein Frachtbrief ausgestellt werden muss.

2.06   Internationaler Schienentransport (Vermögensschaden)

Infolge einer Lieferfristüberschreitung ist einem Bahnkunden ein Schaden in Höhe von 17.340,00 Euro entstanden, die er im Rahmen einer Konventionalstrafe an den begünstigten Empfänger zu leisten hat. Folgende Daten sind bekannt:

Transport von 2 t Speziallack von Hamburg nach Bordeaux

Wert der Sendung: 44.200,00 €

Frachtkosten: 1.350,00 €

Besondere Wert- oder Interessendeklarationen wurden nicht gemacht.

Die Sendung konnte aufgrund eines bahnseitigen Verschuldens nicht rechtzeitig zur Ablieferung bereitgestellt werden.

a) Auf Basis welcher Rechtsgrundlage hat das EVU hier Schadenersatz zu leisten?

b) In welcher Höhe bemisst sich die Schadenersatzleistung in diesem Fall?

2.07   Internationaler Schienentransport (Güterschaden)

Auf einem Transport aus den Niederlanden nach Budapest wird folgende Sendung befördert:

Gleichwertige Spezialgewinde
auf 25 Industriepaletten

Warengewicht je 580 kg

Warenwert 138.599,00 €

Franko Fracht

Auf dem Transport werden 7 Paletten derart beschädigt, dass die Ware nicht mehr wirtschaftlich verwertbar ist.

a) Wie und auf Basis welcher Rechtsgrundlage kommt der Frachtvertrag zustande?

b) Welche Kosten trägt der Absender?

c) In welches Land führt der Transport?

d) Wie hoch ist der Ersatzwert des Schadens?

e) Begründen Sie die Höhe der Schadenersatzleistung in €, wenn 1 SZR mit 1,39947 € notiert.

Abkürzungen im Schienenverkehr   2.08

In einem Aufsatz über das europäische Eisenbahnverkehrsrecht in einer Fachzeitschrift werden folgende Abkürzungen benutzt:

a) CIM

b) COTIF

c) RID

d) RIV

e) UIRR

Erklären Sie die Bedeutung dieser Abkürzungen.

Frachtberechnung   2.09

In einem Waggon mit 2 Achsen der DB Schenker Rail Deutschland AG werden Güter im Gewicht von 26 800 kg befördert. Die Entfernung zwischen Versand- und Bestimmungsbahnhof beträgt 141 km.

APL Preistafel 1 (Auszug aus der Allgemeinen Preisliste der DB Schenker Rail Deutschland AG Stand 01.11)

Für Transporte in einem Wagen mit zwei Achsen					
Sendungs-gewicht in t	bis 13,499	13,500 – 17,499	17,500 – 21,499	21,500 – 25,499	25,500 – 30,499	jede weitere Tonne kostet
Entfernung bis km	Wagenpreise in Euro – ohne Umsatzsteuer				
100	537	537	537	591	660	24
110	546	546	562	627	703	26
120	546	546	592	660	739	28
130	615	615	620	693	776	29
140	615	615	650	725	811	30
150	644	644	677	757	850	31
160	644	644	706	790	884	33
170	657	657	734	823	919	33
180	657	674	764	855	958	34
190	684	701	796	886	992	37
200	684	727	823	918	1.030	37

a) Ermitteln Sie die Bruttofracht (einschließlich 19 % USt) unter Berücksichtigung einer Minusmarge von 15 %.

b) Wie hoch wäre die Nettofracht für den vorgenannten Transport gewesen, wenn das Gewicht der Güter insgesamt 33 290 kg betragen hätte?

c) Erklären Sie den Unterschied zwischen APL und ALB.

d) Welchen Incoterms entsprechen die in den ALB enthaltenen Zahlungsvermerke
   - frei,
   - frei aller Kosten?

2.10   Abbestellung eines Ganzzuges

Die SPEDAIX GmbH hat bei der DB Schenker Rail Deutschland für einen Großauftrag einen Ganzzug bestellt. Der Zug wird für Freitag, den 17.03.2011, für eine Beförderung von Köln-Eifeltor – Koblenz, 233 km, zugesagt. Am Montag, den 13.03., teilt der Auftraggeber um 14:00 Uhr der SPEDAIX GmbH mit, dass die geplante Beförderung nicht durchgeführt werden kann, da verschiedene Zulieferfirmen nicht liefern können.

Als zuständige(r) Sachbearbeiter(in) der SPEDAIX GmbH senden Sie am selben Tag um 14:15 Uhr ein FAX an das KSZ (KundenServiceZentrum) der DB Schenker Rail Deutschland und bestellen den Zug ab.

Mit welchen Kosten wird die SPEDAIX GmbH dafür von der DB Schenker Rail Deutschland belastet?

Anlage zur Aufgabe 2.10

---

2 **Preise und Konditionen DB Schenker Rail Deutschland**
Allgemeine Bestimmungen für Gütertransportleistungen
(Auszug – Stand 01. Januar 2011)

2.1 Preise und Leistungen
(…)

2.2 Aufpreise
(…)

2.3 Stornierungsentgelt für Ganzzüge

Für die Stornierung eines geschlossenen Zuges (Ganzzuges) im Wagenladungsverkehr werden 50 % des Stornierungsentgeltes erhoben, wenn der Stornierungsauftrag nach 13 Uhr, Kalendertag 4 vor Verkehrstag erfolgt, 100 % des Stornierungsentgeltes, wenn der Stornierungsauftrag nach 13 Uhr, Kalendertag 2 vor Verkehrstag erfolgt. Die Stornierung ist entgeltfrei, wenn ihre Ursache von DB Schenker Rail Deutschland zu vertreten ist.

Das Stornierungsentgelt beträgt je storniertem Zug:
– Innerdeutsche oder grenzüberschreitende Relationen ≤ 200 Kilometer* 1.418,- EUR
– Innerdeutsche oder grenzüberschreitende Relationen >200 Kilometer* 2.834,- EUR
– Grenzüberschreitende Relationen > 400 Kilometer* 4.250,- EUR

Kilometer für innerdeutsche Relationen nach dem Entfernungswerk der DB Schenker Rail Deutschland für den Eisenbahngüterverkehr, Kilometer für grenzüberschreitende Relationen nach dem einheitlichen Entfernungsanzeiger für den internationalen Güterverkehr (DIUM) des Internationalen Eisenbahnverbandes UIC.

(…)

Organisationen im internationalen Luftverkehr 3.01

Während die eine Organisation die kommerziellen sowie abwicklungs- und verladetechnischen Interessen ihrer Mitgliedsunternehmen wahrnimmt, sieht sich die andere Organisation den politischen sowie sicherheits- und verkehrstechnischen Interessen ihrer Mitgliedsstaaten verpflichtet.

a) Von welchen Organisationen ist hier die Rede?

b) Der im vorstehenden Text erstgenannten Organisation ist es zuzuschreiben, dass die Welt in drei Konferenzgebiete aufgeteilt wurde.

   Erläutern Sie kurz, welchem Zweck diese Aufteilung dient.

c) Die im Text zweitgenannte Organisation ist verantwortlich für die Verkehrsrechte der Luftverkehr betreibenden Staaten (den sog. „fünf Freiheiten der Luft").

   Beschreiben Sie kurz den Inhalt dieser Verkehrsrechte.

Traffic-Conferences 3.02

Ordnen Sie durch Ankreuzen folgende Flughafenstädte den IATA-Konferenzgebieten zu, wobei die Untergebiete der TC2 zu berücksichtigen sind. Nennen Sie auch die Staaten, in denen die Städte liegen:

Konferenzgebiete ⟶		TC1	TC2			TC3
Flughafenstädte	Zugehörige Staaten		IATA-EUROPE	IATA-MIDDLE EAST	IATA-AFRICA	
Kairo		○	○	○	○	○
Teheran		○	○	○	○	○
Jakarta		○	○	○	○	○
Tokio		○	○	○	○	○
Dakar		○	○	○	○	○
Auckland		○	○	○	○	○
Anchorage		○	○	○	○	○
Ankara		○	○	○	○	○
Kiew		○	○	○	○	○
Melbourne		○	○	○	○	○

3.03 Luftfrachtbrief erstellen

Situation:

Die Metallbau GmbH, Griesheimer Ufer 707, 65933 Frankfurt versendet über ihren Hausspediteur E. RÖMER GmbH & Co., Ersatzteile für Hubschrauber an die HELIX Inc., 77 Sunset Street, in Los Angeles, California, USA.

Die RÖMER GmbH & Co., Homolkaweg 39, 65929 Frankfurt, ist als IATA-Agent zugelassen (IATA-Code 23-6 7833). Issuing Carrier ist die Deutsche Lufthansa AG. Fracht und Nebenkosten werden im Voraus gezahlt. Die Sendung besteht aus 5 Kolli im Gesamtgewicht von 290 kg. Jedes Kollo misst 75 x 75 x 60 cm.

Tarifauszug:

Frankfurt/Main Euro		DE EUR	FRA KGS
Los Angeles	US	M	88,56
		N	5,85
		45	4,96
		100	3,85
		300	3,15
		500	2,82
	4107	300	2,55
	4107	500	2,03
	4119	100	2,44
	4119	500	1,90

GENERAL LIST OF DESCRIPTIONS

4107   HELICOPTER SPARES
4119   AIRCRAFT PARTS

Weitere Angaben sind nicht bekannt.

Bereiten Sie zu dieser Sendung den Frachtbrief vor. Benutzen Sie den Vordruck auf der nächsten Seite.

Anlage zu 3.03

Shipper's Name and Address	Shipper's account Number	Not negotiable **Air Waybill** Issued by Deutsche Lufthansa AG	**LUFTHANSA** Member of International Air Transport Association

Consignee's Name and Address	Consignee's account Number	Copies 1, 2 and 3 of this Air Waybill are originals and have the same validity

It is agreed that the goods described herein are accepted in apparent good order and condition (except as noted) for carriage SUBJECT TO THE CONDITIONS OF CONTRACT ON THE REVERSE HEREOF. ALL GOODS MAY BE CARRIED BY ANY OTHER MEANS INCLUDING ROAD OR ANY OTHER CARRIER UNLESS SPECIFIC CONTRARY INSTRUCTIONS ARE GIVEN HEREON BY THE SHIPPER. AND SHIPPER AGREES THAT THE SHIPMENT MAY BE CARRIED VIA INTERMEDIATE STOPPING PLACES WHICH THE CARRIER DEEMS APPROPRIATE. THE SHIPPER'S ATTENTION IS DRAWN TO THE NOTICE CONCERNING CARRIER'S LIMITATION OF LIABILITY. Shipper may increase such limitation of liability by declaring a higher value for carriage and paying a supplement charge if required.

Issuing Carrier's Agent Name and City	Accounting Information

Agent's IATA Code	Account No.

Airport of Departure (Address of first Carrier) and requested Routing
Issuing Carrier's Agent Name and City

to	By first Carrier/ Routing and Destination	to	by	to	by	Currency	CHGS Code	WT/VAL		Other		Declared Value for Carriage	Declared Value for Customs
								PPD	Coll.	PPD	COLL		

Airport of Destination	Requested Flight/Date	Amount of Insurance	Insurance - If Carrier offers insurance and such insurance is requested in accordance with conditions on reverse hereof, indicate amount to be insured in figures in box marked amount for insurance

Handling Information

No. of Pieces RCP	Gross Weight	kg lb.	Rate Class Commodity Item No.	Chargeable Weight	Rate Charge	Total	Nature and Quantity of Goods (incl. Dimensions or Volume)

Prepaid	Weight Charge	Collect	Other Charges
	Valuation Charge		Insurance premium
	Tax		
	Total other Charges Due Agent		Shipper certifies that the particulars on the face hereof are correct and that insofar as any part of the consignment contains dangerous goods, such part is properly described by name and is in proper condition for carriage by air according to the applicable Dangerous Goods Regulations.
	Total other Charges Due Carrier		
Total prepaid	Total collect		Signature of Shipper or his Agent
Currency Conversion Rates	cc charges in Dest. Currency		Executed on (Date) at (Place) Signature of Issuing Carrier or its Agent
For Carriers Use only at Destination	Charges at Destination	Total collect Charges	

3.04   Abrechnung und Wertdeklaration

Der auf der nächsten Seite abgebildete Frachtbrief gilt auch für die **Aufgabe 3.05**

> **Situation:**
>
> Als Mitarbeiter(in) der FITTINGHOFF Speditionsges. mbH, Düsseldorf, liegt Ihnen der auf der nächsten Seite abgebildete Luftfrachtbrief vor. Ihr neuer Kunde, die Josef Hengsbach KG, Köln, möchte dazu wissen:

a) Warum wurden 300 kg abgerechnet, obwohl die Sendung nur 190 kg wiegt? Erläutern Sie ausführlich die Vorgehensweise bei der Berechnung.

b) Von welchem Betrag wurde die Valuation Charge (0,75 %) berechnet? Erläutern Sie den Hintergrund dieser Berechnung.

Hinweis: 1 SZR = 1,2000 EUR

3.05   Vertragsarten und Inhalt des Frachtbriefes

In Ihrer Abteilung sind Sie auch zuständig für die Betreuung mehrer Auszubildender. Hierunter fällt auch die Vermittlung von Kenntnissen über Inhalt und Aufbau des Luftfrachtbriefes. In diesem Zusammenhang sollen Sie Ihren Auszubildenden erklären,

a) welche vertraglichen Beziehungen zwischen den im Frachtbrief genannten Beteiligten bestehen,

b) was es mit den drei Buchstaben „NYC" auf sicht hat,

c) welche Bedeutung die Eintragung „NIL" im Feld „Amount of Insurance" hat,

d) was sich hinter den Eintragungen im Feld „Handling Information" verbirgt,

e) und was der Buchstabe (A) hinter den Positionen der „Other Charges" bedeutet.

Anlage zu 3.04 und 3.05

Shipper's Name and Address	Shipper's account Number	Not negotiable
Josef Hengsbach KG Rheinuferstr. 844 50999 Köln		**Air Waybill** Issued by **LUFTHANSA** Deutsche Lufthansa AG D-50679 Köln Von-Gablenz-Str. 2 Member of International Air Transport Association

Consignee's Name and Address	Consignee's account Number	Copies 1, 2 and 3 of this Air Waybill are originals and have the same validity
JASON Industries 43, Park-Street New York 40422 NY, U. S. Att. Mr. Paul Curbain		It is agreed that the goods described herein are accepted in apparent good order and condition (except as noted) for carriage SUBJECT TO THE CONDITIONS OF CONTRACT ON THE REVERSE HEREOF. ALL GOODS MAY BE CARRIED BY ANY OTHER MEANS INCLUDING ROAD OR ANY OTHER CARRIER UNLESS SPECIFIC CONTRARY INSTRUCTIONS ARE GIVEN HEREON BY THE SHIPPER. AND SHIPPER AGREES THAT THE SHIPMENT MAY BE CARRIED VIA INTERMEDIATE STOPPING PLACES WHICH THE CARRIER DEEMS APPROPRIATE. THE SHIPPER'S ATTENTION IS DRAWN TO THE NOTICE CONCERNING CARRIER'S LIMITATION OF LIABILITY. Shipper may increase such limitation of liability by declaring a higher value for carriage and paying a supplement charge if required.

Issuing Carrier's Agent Name and City

FITTINGHOFF Speditionsges. mbH
Richard-Wagner-Str. 556
40233 Düsseldorf

Accounting Information

Agent's IATA Code	Account No.
23-4 7656 / 6004	

Airport of Departure (Address of first Carrier) and requested Routing Issuing Carrier's Agent Name and City
DUS

to	By first Carrier/ Routing and Destination	to	by	to	by	Currency	CHGS Code	WT/VAL PPD	Coll.	Other PPD	COLL	Declared Value for Carriage	Declared Value for Customs
NYC	LH					EUR		x		x		29.500	29.500

Airport of Destination	Requested Flight/Date	Amount of Insurance	Insurance - If Carrier offers insurance and such insurance is requested in accordance with conditions on reverse hereof, indicate amount to be insured in figures in box marked amount for insurance
New York	LH 334/5.	NIL	

Handling Information

Mark: No. 1 – 10
Attached: 1 commercial invoice 3-fold, 1 AE

No. of Pieces RCP	Gross Weight	kg lb.	Rate Class	Commodity Item No.	Chargeable Weight	Rate Charge	Total	Nature and Quantity of Goods (incl. Dimensions or Volume)
10	190	K	Q		300	4,78	1.434,00	SPARE PARTS FOR MACHINES DIMS: 10/72 x 60 x 40 cm VOL. WGHT.: 288 kgs 1,728 cbm
10	190						1.434,00	

Prepaid	Weight Charge	Collect	Other Charges
1.434,00			AWB-fee 10,00 EUR (A) Handling-fee 15,20 EUR (A)

Valuation Charge	Insurance premium
188,76	

Tax	

Total other Charges Due Agent	Shipper certifies that the particulars on the face hereof are correct and that insofar as any part of the consignment contains dangerous goods, such part is properly described by name and is in proper condition for carriage by air according to the applicable Dangerous Goods Regulations.
25,20	

Total other Charges Due Carrier	
	C. Grothe

	C. Grothe
Total prepaid	Signature of Shipper or his Agent

Total prepaid	Total collect	
1.647,96		*C. Grothe*

Currency Conversion Rates	cc charges in Dest. Currency	2011-03-05 Düsseldorf FITTINGHOFF Speditionsges. mbH
		Executed on (Date) at (Place) Signature of Issuing Carrier or its Agent

For Carriers Use only at Destination	Charges at Destination	Total collect Charges

3.06   IATA-Agentur/IATA-Carrier

Die SPEDAIX GmbH ist seit Jahren erfolgreich als IATA-Agentur tätig. Im Rahmen des Versandes ist sie verpflichtet, die Sendungen beim IATA-Carrier so anzuliefern, dass keine weiteren Bearbeitungen durch die Luftverkehrsgesellschaft mehr notwendig sind.

a) Wie bezeichnet man den Status dieser versandfertigen Bereitschaft?

b) Nennen Sie **5** Arbeitsschritte, die erforderlich sind, die Sendung als versandfertig anzusehen.

c) Die Lufthansa Cargo AG bietet im Rahmen sog. „Time Definite Services" folgende Serviceleistungen an:

- td.Pro
- td.X
- td.Flash

Erläutern Sie kurz die Vorteile dieser Services und gehen Sie auf die Unterschiede der drei genannten Einzelleistungen ein.

TACT   3.07

Aus dem TACT liegen folgende Angaben vor:

FRANKFURT	DE		FRA
Euro	EUR		KGS
ADELAIDE	AU	M	93,56
		N	16,56
		45	12,99
		100	8,49
		300	7,11
		500	6,25
	/C		5,02
2Q	/B	3000	16.543,00

Als zuständiger Mitarbeiter in der IATA-Agentur sollen Sie für nach Adelaide reisende Sendungen die Tarifierungen vornehmen.

a) Begründen Sie Ihre Berechnungen bei folgenden Sendungen:

   aa) Ein Paket im Gewicht von 3,2 kg

   ab) Eine Kiste im Gewicht von 445 kg

   ac) Ab welcher Gewichtshöhe führt im Fall b) die Nutzung des nächsthöheren „Break-Points" zu einer günstigeren Fracht?

   ad) Sammelgut im Gewicht von 3 990 kg in ULD 2Q Container

b) Die reine Flugzeit von Frankfurt/Main nach Adelaide beträgt 18,5 Std. Bestimmen Sie die Ankunftszeit der Maschine, wenn folgende Flugdaten zu berücksichtigen sind:

   • Abflug FRA: Tag A um 21:50 Uhr
   • UTC Frankfurt/Main + 1
   • UTC Adelaide +10
   • Zwischenstopp in BKK: Dauer 4 Std.

3.08   Luftfracht-Sammelladung

Teil I

Situation:

Die IATA-Agentur SPEDAIX GmbH soll für einen ihrer Kunden hochwertige Badarmaturen von Berlin nach Vancouver (CAN) per Luftfracht versenden.

Sendungsdaten: Gewicht 88 kg, Maße 85 x 85 x 55 cm, Wert 17.650 EUR.

Die SPEDAIX GmbH verlädt die Armaturen mittels ULD-Container 2 R (Boeing-747-Großraumcontainer, 10 Fuß) mit der Lufthansa AG nach Vancouver.

Im TACT sind folgende Raten aufgeführt:

ULD Typ 2 R   Pivot Weight: 2 685   Pivot Rate   1,55 local curr.
                                               Over-Pivot-Rate   1,02 local curr.

Insgesamt werden 3 110 kg Sammelgut für diesen Container abgefertigt und befördert.

a) Die IATA-Agentur betätigt sich als Consolidator und stellt für ihren Kunden einen sog. „House-AWB" aus.

   Erläutern Sie Rechtsstellung und Aufgabengebiet des Consolidators. Gehen Sie dabei auch auf weitere Dokumente wie „Master-AWB" und „Cargo-Manifest" ein.

b) Führen Sie die Frachtberechnung für die Sammelladung durch.

c) In Vancouver wird bei der Entladung des Containers festgestellt, dass die Sendung mit den Badarmaturen verloren gegangen ist. Im AWB wurde weder eine Wertdeklaration noch ein Versicherungsbetrag angegeben.

   Begründen Sie, in welcher Höhe die IATA-Agentur Schadenersatz zu leisten hat?

   1 SZR = 1,2000 EUR

Luftfracht-Sammelladung   **3.08**

Teil II

> **Situation:**
>
> Als verantwortliche(r) Mitarbeiter(in) der SPEDAIX GmbH, Aachen, sind Sie auch für Sammelguttransporte per **Luftfracht** nach Südwest-Afrika zuständig. Heute erhalten Sie den Auftrag, eine Luftfrachtsammelladung von Düsseldorf nach Windhoek, Namibia, abzuwickeln. Mit der Beförderung der Sendung wird die Lufthansa beauftragt. Die Sammelladung besteht aus vier Einzelsendungen (zu je 1 Kollo).

Preisvereinbarungen zwischen der SPEDAIX GmbH und ihren Luftfracht-Kunden (B-Kunden) basieren grundsätzlich auf dem Air-Cargo-Tariff. Berechnen Sie mithilfe der nachfolgenden Preisliste (TACT-Auszug) und der weiter unten aufgeführten Tabelle die Erlöse, die die SPEDAIX GmbH für die Sendungen 1 bis 4 nach Windhoek von den Versendern erhält:

Düsseldorf EURO	DE KGS	DUS EUR
Windhoek	NA	
	M	96,00
	N	14,20
	45	10,20
	100	7,70
	300	5,85
	500	4,90

N = Normal-Rate gilt für Gewichte bis 45 kg

Vervollständigen Sie folgende (lückenhaft ausgefüllte) Tabelle!

Sendung Nr.	Gewicht in kg	Maße (L x B x H) in cm	Volumen-kg	Berechnungsgrundlage: Gewicht/ Volumen-kg	Rate EUR pro kg	Gesamtbetrag in EUR (Erlöse)
1	640,750	180 x 90 x 75	202,500	641	4,90	3.140,90
2	7,040	50 x 44 x 32	....	....	....	....
3	13,710	170 x 55 x 52	....	....	....	....
4	1 220,000	220 x 140 x 105	....	....	....	....
Summe:	....					....

Mit der Lufthansa AG hat die SPEDAIX GmbH für ihre Sammelgutsendungen eine Gewichtsrate von **4,99 EUR pro kg** vereinbart.

Ermitteln Sie das Rohergebnis, das die SPEDAIX GmbH aus den Frachterlösen erzielt.

3.09   Abkürzungen und Fachbegriffe im Luftfrachtverkehr

Übersetzen Sie folgende Abkürzungen und erläutern Sie kurz deren Bedeutung:

a. DGR

b. ULD

c. TACT

d. SCR

e. UTC

f. AAMS (im US-Verkehr)

g. TRAXON

h. IATA CASS

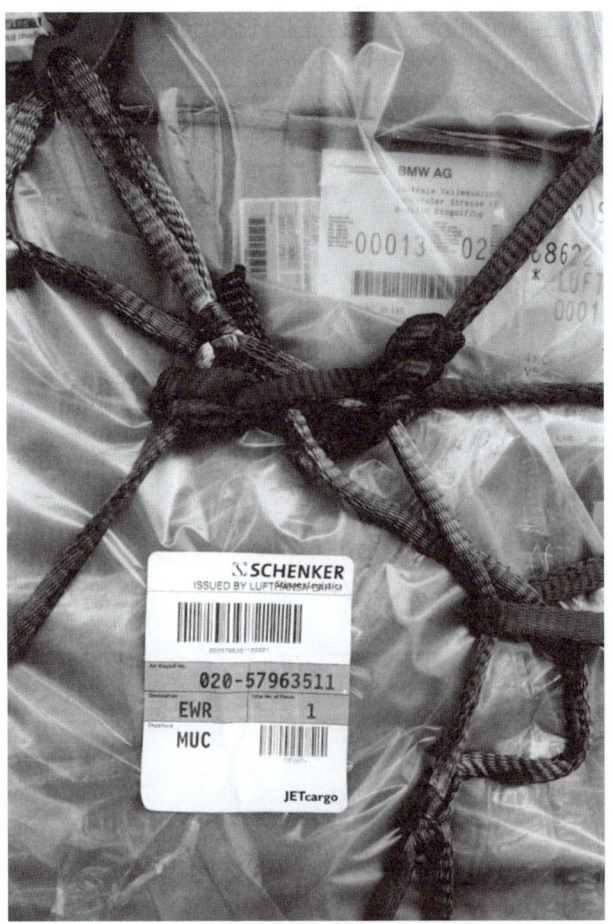

Wasserstraßen   4.01

Beachten Sie die Abbildung der Bundeswasserstraßen auf der nächsten Seite.

Dank des Ausbaus leistungsstarker Containerumschlaganlagen in den Seehäfen und der gestiegenen Transportgeschwindigkeit der Binnenschiffe ist der Transport von Containern im Vor- und/oder Nachlauf zu bzw. von den Seehäfen im kombinierten Verkehr attraktiver geworden. So benötigt ein Binnenschiff im Vorlauf von Aschaffenburg nach Rotterdam ca. 30 Stunden.

a) Begründen Sie, ob sich die Transportzeit (in Gegenrichtung) verändert, wenn das Binnenschiff in Rotterdam gleichgewichtige Ladung für einen Nachlauf nach Aschaffenburg aufnimmt?

b) Welche Parameter sind bei der Planung und Bemessung der Transportdauer zu berücksichtigen? Nennen Sie drei solcher Parameter.

c) In wie fern ist die Transportzeit durch den sog. „Continue-Einsatz" beeinflussbar?

d) Die Wasserstraßen werden in Güteklassen I bis VII (in der Güte ansteigend) eingeteilt. Nennen Sie drei Leistungsmerkmale für diese Klassifizierung.

e) Große Rheinschiffe (95 – 110 m Länge, bis 11,40 m Breite) dürfen z. B. die Wasserstraßen der Klasse V a befahren. Wichtig ist auch die Formation der Schiffe, die für Wasserstraßen ab Klasse IV (aufwärts) zugelassen ist. Unterscheiden Sie

- Selbstfahrer
- Schubverband/Schleppverband
- Koppelverband

f) MS „TEUTONIA III" transportiert 1 100 t Coils von Salzgitter nach Heidelberg. Nennen Sie die Wasserstraßen, die das Schiff auf seiner Fahrt nacheinander passiert (kürzestes Fahrtstrecke).

g) Ein Binnenschiff fährt von Mainz nach Duisburg. Nennen Sie für die zu passierenden Streckenabschnitte die maßgeblichen Pegel:

- Mainz – Bingen (Binger Loch)
- Bingen – Neuss
- Neuss – Duisburg

Binnenschifffahrt

Anlage zu 4.01

BMVBW EW 24 Bonn, 2004 W 162

Betriebsformen und Vertragsarten 4.02

> **Situation:**
>
> Die MuK GmbH, Metall- und Konstruktionsbau, 45289 Essen-Kupferdreh, beauftragt die Gebrüder REITH KG – Binnenwasserlogistik, 47138 Duisburg-Ruhrort mit dem Transport von Stahltresoren, Gesamtgewicht 90 t, von Duisburg nach Rotterdam per Binnenschiff.
>
> Die REITH KG, die über keine eigenen Schiffe verfügt, beauftragt ihrerseits den Unternehmer Josef TERSTAPPEN, der mit seinem Rheinschiff, das über eine Kapazität von 1 200 t verfügt, den Transport von Duisburg nach Rotterdam durchführen soll. Der Essener Spediteur KORTMANN liefert für die MuK GmbH die Tresore im Duisburger Hafen zur Verladung an.

a) Welche Betriebsformen sind in dem geschilderten Fall erkennbar?

b) Nennen Sie die Vertragsarten und die Bezeichnung der Vertragsbeteiligten im vorliegenden Fall.

c) Dem Vertrag zwischen der MuK GmbH und der Gebr. REITH KG werden die IVTB zugrunde gelegt. Wofür steht diese Abkürzung und wer ist danach als Ablader anzusehen?

d) Welche Rechtsgrundlagen sind bei der Abwicklung des Stückgutfrachtvertrages neben den IVTB zu beachten?

e) Wie unterscheiden sich Gesamt- und Teilverfrachtung von der Stückgutverfrachtung?

Verladehindernisse 4.03

Beachten Sie die Auszüge aus dem HGB auf der folgenden Seite.

> **Situation:**
>
> Im Duisburger Hafen sollen 1 900 t Schlacke verladen werden. Das Binnenschiff, das die Ladung aufnehmen soll, ist – wie vereinbart – an der Ladestelle des Hafens eingetroffen. Die Lade- und Löschvorgänge sollen auf je 3 Tage beschränkt sein.

a) Die Verladung beginnt pünktlich am 1. Tage der vereinbarten Ladezeit. 580 t Schlacke können verladen werden. Durch einen technischen Defekt fällt der Ladekran am Ende des 1. Tages aus. Die Reparaturarbeiten sind kompliziert und nicht exakt terminierbar.

Welche Rechte stehen dem Schiffsfrachtführer in diesem Fall zu?

b) Wie wäre zu verfahren, wenn der Ladekran schon vor der Verladung am ersten Tag ausgefallen wäre?

HGB-Auszüge zu 4.03

§ 415 HGB

(1) Der Absender kann den Frachtvertrag jederzeit kündigen.

(2) Kündigt der Absender, so kann der Frachtführer entweder

  1. die vereinbarte Fracht, das etwaige Standgeld sowie zu ersetzende Aufwendungen unter Anrechnung dessen, was er infolge der Aufhebung des Vertrages an Aufwendungen erspart oder anderweitig erwirbt oder zu erwerben böswillig unterlässt, oder

  2. ein Drittel der vereinbarten Fracht (Fautfracht)

verlangen. [...]

§ 416 HGB

Wird nur ein Teil der vereinbarten Ladung verladen, so kann der Absender jederzeit verlangen, dass der Frachtführer mit der Beförderung der unvollständigen Ladung beginnt. In diesem Falle gebührt dem Frachtführer die volle Fracht, das etwaige Standgeld sowie Ersatz der ihm infolge der Unvollständigkeit der Ladung entstehenden Aufwendungen; [...]

§ 417 HGB

(1) Verlädt der Absender das Gut nicht innerhalb der Ladezeit oder stellt er, wenn er zur Verladung nicht verpflichtet ist, das Gut nicht innerhalb der Ladezeit zur Verfügung, so kann ihm der Frachtführer eine angemessene Frist setzen, innerhalb derer das Gut verladen oder zur Verfügung gestellt werden soll.

(2) Wird bis zum Ablauf der nach Absatz 1 gesetzten Frist keine Ladung verladen oder zur Verfügung gestellt, so kann der Frachtführer den Vertrag kündigen und die Ansprüche nach § 415 Abs. 2 geltend machen.

(3) Wird bis zum Ablauf der nach Absatz 1 gesetzten Frist nur ein Teil der vereinbarten Ladung verladen oder zur Verfügung gestellt, so kann der Frachtführer mit der Beförderung der unvollständigen Ladung beginnen und die Ansprüche nach § 416 Satz 2 [...] geltend machen.

Frachtbriefangaben 4.04

Folgende Angaben entnehmen Sie auszugsweise aus einem Frachtbrief:

APG – Aschaffenburger Partikuliere e. G.

Frachtbrief

MS	Holofernes
Sfr.	W. Prötter
hat von der	W & M Im- und Export AG, Würzburg ex MV „Ocean-Star II"

zur Beförderung von Emden nach Braila (RO) / Opt. Cernavoda (RO) aufgrund unserer neuesten Verlade- und Transportbedingungen (Konnossementsbedingungen) übernommen:

60 Stahlkessel im Gesamtgewicht von 960 t

...

Ladezeiten: ...	Löschzeiten: ...

Empfänger: NUVAC SA, Str. Valea Cismelei 107, RO 810 466 Braila
Meldeadresse: NUVAC SA, Str. Valea Cismelei 107, RO 810 466 Braila

---

a) Nennen Sie die zu passierenden Wasserstraßen auf der Fahrt von Emden zum Zielort.

b) Welche Länder werden vom Flusslauf der Donau berührt?

c) Wo liegt die Donauquelle und bei welcher Stadt mündet sie ins Schwarze Meer?

d) Wofür stehen folgende Abkürzungen?

- MS
- Sfr.
- MV
- Opt.

e) In welchen Vertragsbeziehungen stehen die im Frachtdokument aufgeführten Beteiligten?

f) Welche Bedeutung hat die Meldeadresse?

4.05 Haftung

Auszug aus den VTB der Reederei Emil Kürthen & Söhne KG, Mannheim:

---

§ 13
Umfang der Haftung

1. Die Einsatzleistung des Frachtführers bei Verlust oder Beschädigung der Güter sowie bei Verspätungsschäden und Vermögensschäden bestimmt sich auf Grund der nachstehenden Bestimmungen. Für den nationalen Verkehr gelten hinsichtlich des Umfangs der Haftung bei Verlust oder Beschädigung, Verspätungsschäden die jeweiligen gesetzlichen Bestimmungen.

2. Die Haftung für Verlust oder Beschädigung ist auf den Betrag von 2,00 SZR je Kilogramm beschränkt. Insgesamt haftet der Frachtführer für alle auf dem Schiff verladenen Güter mit dem Höchstbetrag von 1.000.000 SZR je Schadensereignis mit der Maßgabe, dass dieser Betrag zwischen mehreren Ladungsbeteiligten, die von dem Gesamtschadensereignis betroffen sind, im Verhältnis der Haftungssummen zueinander aufzuteilen ist. Falls auf den Frachtvertrag deutsches Recht anwendbar ist, wird die vom Frachtführer zu leistende Entschädigung wegen Verlust oder Beschädigung des Gutes auf zwei Rechnungseinheiten begrenzt. Rechnungseinheit je Kilogramm ist die vom Internationalen Währungsfonds festgelegte Sonderziehung.

Erläutern Sie, inwiefern diese VTB-Regelung von der gesetzlichen Haftung abweicht.

Ladeschein 4.06

> **Situation:**
>
> Als zuständiger Mitarbeiter der WAGENKNECHT, Binnenschiffslogistik, 47138 Duisburg, über-
> geben Sie Ihrem Kunden, der HANSEN & KÖNIG OHG, 47059 Duisburg, das auf der folgenden
> Seite abgebildete Dokument.

Beachten Sie auch die unten angegebenen Auszüge aus dem HGB!

a) Begründen Sie, warum es sich hierbei nicht um einen „gewöhnlichen" Frachtbrief handelt.
   Gehen Sie dabei auf die besonderen Funktionen des Dokumentes ein.

b) HANSEN & KÖNIG OHG wollen kurz nach Abfahrt der „Alemannia" in Richtung Mannheim, den
   Stabstahl zu einem lukrativen Preis an die UWE REHLIN GmbH, 52078 Aachen, In der Soers 77,
   veräußern.

   Erläutern Sie, ob und wie diese Veräußerung erfolgen kann.

c) Nehmen Sie an, statt der Orderklausel wurde im Empfängerfeld eine bestimmte Adresse angegeben. Erläutern Sie, ob dann ebenfalls die Veräußerung – wie unter b) beschrieben – erfolgen
   kann und wer diese vornehmen kann.

d) Kurz vor Mannheim kontaktiert der Schiffsführer J. PROKOPP die M-LOG Spedition GmbH
   in Mannheim.

   Welche Informationen will PROKOPP dort erfahren?

e) An der angewiesenen Löschstelle erscheint ein Bevollmächtigter der Gero von NOETHEN KG,
   63454 Hanau, der den Original-Ladeschein zwecks Übernahme der Sendung präsentiert.

   Erläutern Sie, ob und unter welchen Voraussetzungen dieser Bevollmächtigte über die Ladung
   verfügen kann.

HGB-Auszüge:

> § 418 Abs. 1: Der Absender ist berechtigt, über das Gut zu verfügen. [...]
>
> § 445: Der Frachtführer ist zur Ablieferung des Gutes nur gegen Rückgabe des Ladescheins, auf
> dem die Ablieferung bescheinigt ist, verpflichtet.
>
> § 446 Abs. 1: Zum Empfang des Gutes legitimiert ist derjenige, an den das Gut nach dem Ladeschein
> abgeliefert werden soll oder auf den der Ladeschein, wenn er an Order lautet, durch Indossament
> übertragen ist.
> Abs. 2: Dem zum Empfang Legitimierten steht das Verfügungsrecht nach § 418 zu. [...]
>
> § 448: Die Übergabe des Ladescheins an denjenigen, den der Ladeschein zum Empfang des Gutes
> legitimiert, hat, wenn das Gut von dem Frachtführer übernommen ist, für den Erwerb von Rechten
> an dem Gut dieselben Wirkungen wie die Übergabe des Gutes.

Anlage zu 4.06

Axel C. WAGENKNECHT e. K., Binnenschiffslogistik
47138 Duisburg-Ruhrort – Max-Zander-Str. 14 -18

Ladeschein	Original	Sped.-Nr. ....

Schiff:	MS „Alemannia"	Sfr.: Josef Prokopp
Absender:	HANSEN & KÖNIG OHG 47059 Duisburg	
Ladehafen:	Duisburg-Ruhrort	Ladestelle: CARLSON Ltd. 47138 Duisburg
Emfpänger:	an Order	
Meldeadresse:	M-LOG Spedition GmbH 68219 Mannheim	
Löschhafen:	Mannheim-Rheinau	Löschstelle: noch anzuweisen
Frachtvorschrift:	frei Ank. Löschstelle	
Grenzabfertigung:		

Markierung	Anzahl und Art	Inhalt	Angebliches Gewicht in kg
//gelb	20 Bunde	Stabstahl, 12 m	112 440
//schwarz	80 Bunde	Stabstahl, 12 m	449 760
	100 Bunde		562 200

Bestimmungs-/Herkunftsland: .... Güter-Nr. .... Güter-Kl.: ....

ex SD: .... vom: .... 1. Lade-/Löschtag: ....

Im Ladehafen angekommen: <u>07.03.2011</u>   <u>16:00 Uhr</u>

Gemeldet: <u>07.03.2011</u>   <u>16:00 Uhr</u>

Geladen: <u>08.03.2011</u> von: <u>8:00 Uhr</u> bis: <u>18:00 Uhr</u>

Es wurden <u>1</u> Original und <u>3</u> Kopien ausgestellt, die nur für einen Ladeschein gelten. Bei Order-ladescheinen erfolgt die Auslieferung der Sendung nur gegen Rückgabe des ordungsgemäß girierten Originalladescheins.

Unverantwortlich für Beschaffenheit, Qualität, Angaben des Absenders über Maß, Stückzahl, Gewicht und Inhalt, Wert, Zeichen und Nummern arbeiten wir ausschließlich aufgrund der Allgemeinen Deutschen Spediteurbedingungen (ADSp) neuester Fassung. Im Übrigen gelten die Bestimmungen des deutschen Binnenschifffahrtsgesetzes (BinSchG) und in Fällen einer Havarie-grosse die Rhein-Regeln IVR.

Der Schiffsführer ist verpflichtet, jeden außergewöhnlichen Aufenthalt sofort fernmündlich oder telegrafisch zu melden.

<u>Duisburg</u>, den <u>08.03.2011</u>   *Josef Prokopp*

Unterschrift des Schiffsführers oder für denselben

Kostenrechnung in der Binnenschifffahrt 4.07

Situation:

Sie sind in einer Aschaffenburger Binnenschiffsspedition für die Erstellung von Angeboten zuständig. Im Rahmen dieser Tätigkeit müssen für die Schiffseinsätze die Transportkosten je Tonne ermittelt werden, bevor eine Preisstellung erfolgen kann.

Ein in Aschaffenburg liegendes Binnenschiff soll in Frankfurt/Main 1 260 t Trockengut aufnehmen und nach Köln transportieren.

Leeranfahrt Aschaffenburg bis Frankfurt/Main	2 Stunden
Ladungsfahrt Frankfurt/Main bis Köln	16 Stunden

Kraftstoffverbrauch je Stunde: 55 Liter Gasöl

Kraftstoffkosten: 0,24 € je Liter

Schmierstoffkosten: 10 % der Kraftstoffkosten

Lade- und Löschzeiten gem. BinSchLV:

Je 45 t beträgt die Lade- und Löschzeit: 1 Stunde

Tägliche Einsatzzeit: 14 Stunden

Meldetage: 1 Meldetag beim Löschen

Tageskostensatz: 880,00 €

Kalkulieren Sie die Transportkosten je Tonne, wenn oben stehende Angaben bekannt sind.

4.08   Transportabrechnung erläutern

Situation:

Als Kundenbetreuer einer Binnenschifffahrts-Spedition wendet sich ein Neukunde an Sie mit der Bitte, ihm einige Positionen der nachfolgenden Transportabrechnung zu erläutern:

Transportabrechnung:

Fracht	4,37 € je t
Kanalabgaben (44 x 1,856 Ct.)	0,82 € je t
	5,19 € je t
KWZ (20 %)	0,87 € je t
	6,06 € je t
555,860 t x 6,06 €	3.368,51 €
Liegegeld (4 Std.)	198,00 €
	3.566,51 €
USt (19 %)	677,64 €
Rechnungsbetrag	4.244,15 €

Beantworten Sie Ihrem Kunden folgende Fragen:

a) Wofür sind Kanalabgaben angefallen?

b) Was bedeutet KWZ?

c) Wofür wird Liegegeld berechnet?

4.09   Incoterm FAS

Einer Ihrer Kunden veräußert Dämmstoffe für den Maschinenbau an eine Firma aus Süddeutschland. Im Kaufvertrag wird vereinbart, die Lieferung mittels Binnenschiff zu bewirken, wobei der Incoterm „FAS Duisburg" zur Anwendung kommt. Der Kunde wünscht von Ihnen eine detaillierte Erläuterung der Verpflichtungen, die er mit dieser Klausel eingeht.

Erstellen Sie eine Übersicht über die Verkäuferpflichten, die gemäß FAS Duisburg für einen nationalen Binnenschiffstransport auf den Kunden zukommen.

Fachbegriffe der Binnenschifffahrt

Erläutern Sie kurz folgende Fachbegriffe bzw. Abkürzungen:

a) Stuffen und Strippen

b) Hieven

c) Bugsieren

d) Bunkern

e) Leichtern

f) Optieren

g) LASH

5.01

Folgende Skizze zeigt das Hinterland westeuropäischer Häfen:

Die Ziffern 1 – 3 markieren die Lage der sog. ARA-Häfen.

Wie heißen diese Häfen und durch welche Ziffer sind sie jeweils gekennzeichnet?

Fahrtgebiete der Linienschifffahrt

Die Linienschifffahrt findet in festgelegten Fahrtgebieten statt.

Folgende Skizze zeigt die Fahrtgebiete 17 bis 21:

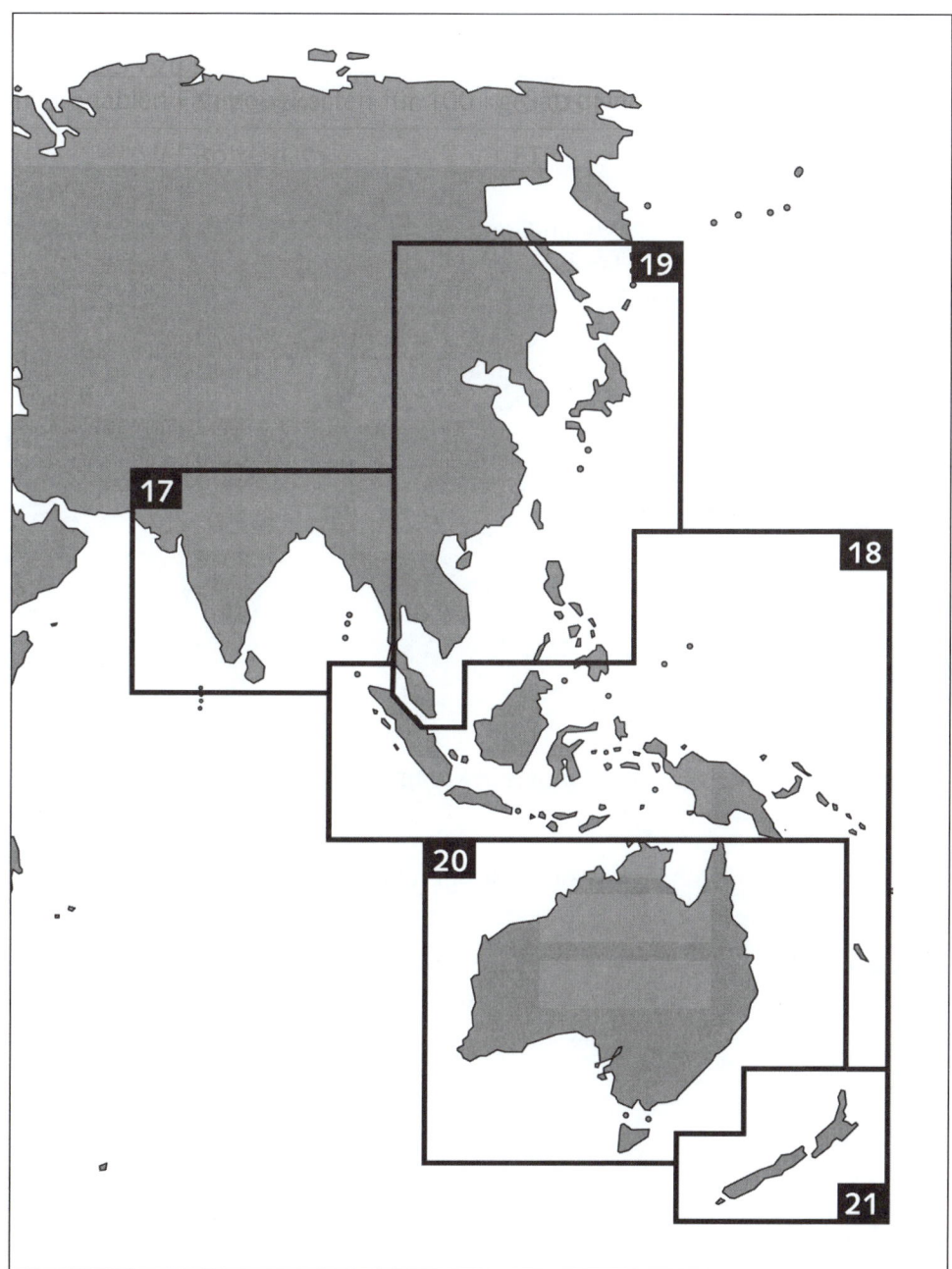

a) Welche Fahrtgebiete passiert ein Seeschiff auf seiner Fahrt von Mumbai nach Fremantle/Perth mit einer Zwischenstation in Jakarta?

b) Welche Meerenge durchfährt das Schiff kurz vor Jakarta?

c) In welchen Ländern liegen die unter a) genannten Häfen?

5.03 Wichtige Seewege und Welthäfen

Koper ist ein aufstrebender Transithafen für Österreich, Tschechien, Slowakei und Ungarn. Hauptumschlaggüter sind Eisenerze und Phosphate. Für den mitteleuropäischen Markt werden zunehmend PKW der Hersteller aus Fernost von Kobe nach Koper verschifft.

a) In welchen Staaten liegen die Häfen Kobe und Koper?

b) Beschreiben Sie den kürzesten Seeweg für diese Transporte.

c) Koper zählt zu den sog. „Süd-Häfen". Nennen Sie weitere fünf davon.

Im Hamburger Hafen wurden im Jahre 2004 an Containern über 7 Mio. TEU und insgesamt über 115 Mio. Tonnen Güter umgeschlagen. Hamburg ist damit der größte deutsche See- und Containerhafen (Platz 2 in Europa nach Rotterdam).

d) Nennen Sie vier weitere große Seehäfen Deutschlands und deren Küstenlage (Ost- oder Nordsee).

In folgenden Fahrtgebieten (Auswahl aus 33)

- Nr. 02 – Nordamerika – USA-Ostküste
- Nr. 09 – Südamerika/Ostküste
- Nr. 13 – Westafrika
- Nr. 19 – Ostasien

befinden sich weitere wichtige Welthäfen.

e) Benennen Sie für jedes Fahrtgebiet einen Ihnen bekannten Hafen.

f) Ein Seeschiff fährt von Porto nach Sewastopol. Bringen Sie folgende Seewege in die richtige Reihenfolge:

Ägäis – Atlantischer Ozean – Bosporus – Dardanellen – Marmara-Meer – Mittelmeer – Schwarzes Meer – Straße von Gibraltrar

Betriebsformen   5.04

Ein Spediteur erhält den Auftrag, 680 t Industrie-Granulate nach Übersee zu verschiffen. Bei der Wahl des geeigneten Verfrachters kann er zwischen einer Linienreederei, einem Outsider und einer Trampschifffahrtsgesellschaft wählen.

a) Unterscheiden Sie Linien- und Trampschifffahrt.

b) Was versteht man unter einer Linienkonferenz und welche Aufgaben übernimmt sie?

c) Wo kann der Spediteur Abfahrt- und Ankunftszeiten der Schiffe ersehen?

d) Was ist ein „Outsider"?

Containerrundläufe   5.05

Ein Versender will eine komplette Containerladung in seinem Werk bei Hannover zusammenstellen, die im Bestimmungshafen entladen und an die einzelnen Endempfänger ausgehändigt werden soll.

a) Welche Form des Containerrundlaufs kommt hier infrage?

b) Ein 20-Fuß-Container soll aus einem Leerdepot durch den beauftragten Spediteur angeliefert werden. Bei der Disposition des Containers wird angegeben, dass ein Merchant's-Arrangement gewünscht wird. Was versteht man darunter?

c) Da der Versender über einen Gleisanschluss verfügt, wählt der Spediteur den Vorlauf mit der Eisenbahn. Welchen Vorteil bringt dies als Alternative zu einem Transport des Containers mittels LKW?

d) Erklären Sie kurz folgende containerspezifischen Fachbegriffe bzw. Abkürzungen:
   - CY
   - Handling out
   - Positioning
   - LCL/LCL
   - CFS
   - Vancarrier

e) Nennen Sie vier Argumente, die für eine Containerisierung von Gütern sprechen.

5.06 Stückgutfrachtvertrag

Die Ausgangssituation gilt auch für die **Aufgaben 5.07 und 5.08**

> **Situation:**
>
> Der Exporthändler Claus von KEMPEN e. K., Im Brander Feld 256, 52078 Aachen, verkauft Zubehörteile für die Ausstattung von Hotelküchen an die brasilianische Firma PTX do Carairo S.L., Avenida Getulio Vargas, 697, 69075140 Manaus. Es handelt sich um 8 Kisten à 160 kg (Maße je Kiste 125 x 80 x 78 cm) im Rechnungswert von 18.500,00 €. Im Kaufvertrag wurde die Lieferung „CFR Manaus gem. INCOTERMS 2000" vereinbart. PTX sendet dem Exporthändler eine Kopie der benötigten Importlizenz.
>
> C. von KEMPEN beauftragt den Hamburger Seehafenspediteur FENSKE mit der Vorbereitung einer Verschiffung im Hamburger Hafen. Mit dem Vortransport von Aachen nach Hamburg soll die Spedition TESCH aus Aachen beauftragt werden. Da für die Einfuhr der Zubehörteile die Vorschrift „BRASIL. FLAG VESSEL" besteht, platziert FENSKE eine konditionelle Buchung bei der Reederei AMEROPA LOGISTICA Ltda. für das Schiff „Santa Maria II".

a) Erläutern Sie, wer von den Beteiligten die Funktion eines Versenders, Verfrachters, Befrachters und Abladers hat.

b) Welche Bedeutung hat die konditionelle Buchung durch den Seehafenspediteur?

c) Nennen Sie mindestens **5** Angaben, die der Seehafenspediteur bei der Buchung des Schiffsraums der Reederei übermitteln muss.

d) Erläutern Sie den möglichen Hintergrund für die Flaggenvorschrift.

e) Beschreiben Sie kurz die besondere geografische Lage des Hafens von Manaus.

5.07 Frachtberechnung bei CFR

Für die Sendung nach Manaus wird ein Konnossement erstellt mit dem Vermerk „Freight payable at Hamburg". Die Reederei berechnet für die Sendung 94,00 € M/G zuzüglich BAF 5,00 €/Frt und vergütet eine Spediteurprovision von 3 % der Nettoseefracht.

a) Erläutern Sie den Zusammenhang zwischen dem Vermerk im Konnossement und dem Incoterm CFR.

b) Wer hat die Frachtzahlung an die Reederei zu leisten?

c) Wie viel mal messend ist die Sendung für Manaus?

d) Erstellen Sie die Abrechnung an den Zahlungspflichtigen. Wofür steht BAF?

Haftung des Verfrachters   5.08

Kurz nach Antritt der Seereise Richtung Brasilien löst sich infolge der Unaufmerksamkeit eines Matrosen schweres Ladungsgeschirr aus der Arretierung und fällt durch einen Ladeschacht auf drei der Kisten mit Zubehörteilen. Die Teile sind wirtschaftlich nicht mehr verwertbar.

Zur Geltendmachung des Schadens (eine Versicherung für die CFR-Sendung wurde nicht eingedeckt) werden der Reederei folgende Daten übermittelt:

Wert der Sendung: 18.500,00 €

Wert der beschädigten Einheiten

in Kiste Nr. 1	1.170,00 €
in Kiste Nr. 2	2.430,00 €
in Kiste Nr. 3	1.940,00 €
Totalschaden:	5.540,00 €

Gewicht je beschädigter Einheit: 160 kg

a) Erläutern Sie kurz die Haftungsituation des Reeders.

b) Berechnen und erläutern Sie die Schadenersatzleistung der Reederei auf der Basis der Visby Rules (1 SZR = 1,22357 €).

5.09   Konnossement

Fall 1

Als zuständige(r) Mitarbeiter(in) der SPEDAIX GmbH, Aachen, arbeiten Sie bei der Besorgung und Erstellung von Seefrachtpapieren mit, deren Inhalte und Bedeutung mit den Auszubildenden Ihres Hauses thematisiert werden. Im Hausunterricht sollen Ihre Auszubildenden bei einem Konnossement (siehe **Abbildung**) folgende typische Klauseln ausfindig machen:

- Kassatorische Klausel
- Akkreditivklausel
- Rundlaufklausel (Container)
- Freizeichnungsklausel (Verfrachter)
- Freizeichnungsklausel (Ablader)
- Orderklausel

Feld 1 **Bill of Lading** for combined Transport or Port to Port Shipment		
Feld 2 Shipper SPEDAIX GmbH Debyestraße 200 D-52078 Aachen as Agent of ALL SEASONS GmbH Reifenhandel Nordstraße 44 a D-52078 Aachen	**Feld 3** Voyage-No. 7307	**Feld 4** ECB-No. HSYV2-4566399
	Feld 5 Carrier **McAllister & Woolf GmbH** **Hansestadt Bremen** **Atlantik-Schifffahrtsgesellschaft**	
Feld 6 Consignee or Order BLACKROCK Inc. POB 447712 CHICAGO, U.S.	**Feld 7** Notify address **GREENPORT FORWARDERS** **AGENT** **679 Blind Corner West** **Chicago, IL 60646 USA**	
Feld 8 Ocean Vessel Port of Loading Boogie SW III Bremen		
Feld 9 Port of Discharge Chicago		

Feld 10			
Container Nos., Marks	Number and kind of packages	Gross weight (KGS)	Measurement (cbm)
AWU 3222-4	1 x 20' STANDARD, S.T.C. Tires & chrome rims FR42 1:8 hard pimp style L/C No. 666/B/338 FREIGHT PREPAID	18,500 KGS	SHIPPED ON BOARD 2011-05-14 McAllister & Woolf GmbH *H. Heinze*

Feld 11

Received by the Carrier in apparent good order and condition the goods or packages specified herein and to be discharged at the above mentioned port of discharge. (...)

In witness whereof the Carrier or his Agent has signed Bills of Lading all of this tenor and date, one of which being accomplished, the others to stand void. Shippers are requested to note particularly the exceptions and Conditions of this Bill of Lading with reference to the validity of the insurance upon their goods.

Feld 12 Movement FCL/FCL	**Feld 13** Total No. of Containers No. of original B(s)/L received by the Carrier - 1 – (one) - 3 – (three)
Feld 14 Freight payable at: Bremen	**Feld 15** Place and date of issue: Bremen, 2011-05-14

Feld 16
 	
     Original
	Feld 17
	
	H. Heinze McAllister & Woolf GmbH
	               Hansestadt Bremen

Fortsetzung auf der nächsten Seite

Konnossement 5.09

Fortsetzung

a) In welchen Feldern (1-17) des in der **Abbildung** dargestellten Konnossements befinden sich diese Klauseln jeweils und welche Bedeutung haben sie im Einzelnen?

b) Begründen Sie, ob dieses Konnossement den Status eines „Received B/L" hat!

c) Erläutern Sie, ob es sich bei diesem Konnossement um ein „bankfähiges" Papier handelt!

d) Was versteht man bei einem Konnossement unter der Traditionsfunktion?

e) Welche Firmen sind auf dem Konnossement als Befrachter, Ablader, Verfrachter und Empfänger auszumachen?

f) Wer ist hier der Frachtzahler?

g) Beschreiben Sie kurz, um welche „kind of packages" es sich bei diesem Konnossement handelt!

h) Wie viele Originalkonnossemente wurden ausgestellt?

i) Wem muss der Kapitän der Boogie SW III die voraussichtliche Ankunft des Schiffes melden?

Fall 2

Ein Neukunde Ihrer Internationalen Spedition will in nächster Zeit bestimmte Sonderanfertigungen für Maschinen in der Landwirtschaft nach Fernost mittels Seeschiff befördern lassen. Hierbei ergeben sich folgende Fragen:

a) Bei seinen Lieferungen handelt es sich vorwiegend um Spezialanfertigungen nach Maßangaben der Kunden in Fernost, die seine Produkte ausschließlich in ihre Maschinen einbauen. Einer seiner Mitarbeiter schlägt die Ausstellung eines Namens- statt eines Order-Konnossementes vor. Welche Gründe gibt es für diesen Vorschlag?

b) Im Asien-Geschäft des Kunden soll das Dokumenten-Akkreditiv zur Zahlungssicherung zur Anwendung kommen. Hierfür erforderlich ist die Bankfähigkeit der Konnossemente. Welchen Qualitätsanforderungen muss das Konnossement genügen, um die Bankfähigkeit zu erreichen?

c) Im Rahmen eines laufenden Akkreditivverfahrens werden Sie als Ablader für Ihren Kunden tätig. Bei der Übergabe der Güter an den Verfrachter moniert dieser leichte Mängel an der Verpackung und weigert sich zunächst das Bord-Konnossement „rein" zu zeichnen. Ein „foul-B/L" würde jedoch das Akkreditiv zum „Platzen" bringen. Auf die weniger seetaugliche Verpackung hat Ihr Kunde jedoch aus Kostengründen bestanden. Wodurch kann in dieser Situation ein Scheitern des Dokumenten-Akkreditivs verhindert werden?

Berücksichtigen Sie hierbei auch die Interessenlage Ihrer Ablader-Situation.

5.10 Havarie/Haverei

Das Containerschiff „RUHDORF XIII" befindet sich auf großer Fahrt von Hamburg nach Santos. Kurz nach Erreichen des brasilianischen Küstengebietes kommt das Schiff in einen Orkan und havariert. Mit Mühe und Not kann der Großteil der Ladung gerettet werden. Das havarierte Schiff wird in den Nothafen Recife eingeschleppt.

Bei der Havarie sind folgende Kosten entstanden:

- Kosten des Einschleppens: 55.000 USD
- Entladen und Sortieren in Recife 105.000 USD
- Reparaturkosten der beim
  Ladungs-Wurf beschädigten Schiffsreling: 28.000 USD
- Schäden am Ladungsgut: 1.282.000 EUR

Die Schadenverteilung ist auf das Schiff, die Ladung und die Fracht vorzunehmen.

Folgende Werte wurden ermittelt:

- Wert des Schiffes: 4.560.000 EUR
- Wert der Ladung lt. Handelsrechnungen: 11.440.000 EUR
- Seefracht insgesamt: 210.000 EUR

1 USD = 0,80550 EUR

a) Der hier eingetretene Unfall auf hoher See wird als gemeinschaftliche Havarie bezeichnet. Nennen Sie die Voraussetzungen, die dafür vorliegen müssen.

b) Was meint der Begriff „Haverei" und nach welchen Regeln ist diese abzuwickeln?

c) In Recife wird der Kapitän der „RUHDORF XIII" bei der deutschen Auslandsvertretung (Hafenamt) zur Verklarung angehört. Was versteht man darunter?

d) Ein vereidigter Sachverständiger erstellt eine Urkunde über die festgestellten Schäden und Schadensursachen. Wie nennt man diesen Sachverständigen und wie heißt die von ihm vorgenommene urkundliche Feststellung?

e) Ermitteln Sie das Beitragskapital.

f) Berechnen Sie die Beitragsquote (auf 2 Nachkommastellen gerundet).

g) Mit wie viel EUR ist ein Exporthändler aus Maschen als Frachtzahler am Schaden beteiligt, wenn dieser für eine CFR-Sendung 2.330,00 EUR gezahlt hat?

Fachbegriffe der Seeschifffahrt 5.11

Teil 1

Auszug aus einer Booking information

BOOKING No.:	X 677-904		
VESSEL/Carrier:	LEBLON/ALIANCA NAVEGACAO E LOGISTICA LTDA.		
POR:	Rotterdam	CLOSING:	2011-03-30 – 20 :00
POL:	Rotterdam	**ETS:**	2011-03-31
POD:	Recife	**ETA:**	2011-04-25
CONTAINER:	1 x 40' HIGH CUBE	WEIGHT:	27,550 KGS
POSITIONING:	2011-03-24 – 8:00 AIXTRON AG (HQ), Kackertstr. 15 - 17, D52072 Aachen		
CONTAINER-MOVEMENT:	**M/H**	THC:	EUR 186,00
FAC Spedaix:	3 %	**BAF:**	USD 101,00 / TEU

a) Erläutern Sie den Begriff „CLOSING".

b) Übersetzen Sie die **fett**-gedruckten Abkürzungen.

Teil 2

Übersetzen Sie folgende Abkürzungen:

- NVOCC
- ECB
- CAF
- ISPS
- FBL
- DAKOSY
- SEEDOS
- ZODIAK

Teil 3

Erläutern Sie folgende Begriffe:

a) detention charge

b) congestion charge

c) demurrage

d) lumpsum rate

e) FAK rates

5.12 Seefrachtberechnung

Ein deutscher Exporteur versendet 35 Hydraulik-Pumpen von Hamburg nach Philadelphia mittels Seeschiff.

Folgende Sendungsdaten sind bekannt:

Maße je verpackter Pumpe: 1,20 m x 0,70 m x 0,70 m/287 kg
Wert je Pumpe: 8.450,00 Euro

Die Seebeförderung soll vom kostengünstigsten Verfrachter durchgeführt werden. Nachdem mehrere Angebote eingeholt wurden, stehen eine Konferenz-Reederei und ein Outsider in Konkurrenz.

Sie sollen als beauftragter Seehafenspediteur die günstigste Fracht auf Basis der nachstehenden Tarifinformationen ermitteln:

1 USD = 0,8000 EUR

Stückguttarif einer Konferenz-Reederei:		
Frachtrate laut Tarif: 152,50 USD W/M		
CAF: 6 % auf die Grundfracht		
Immediate Rebate: 9,5 % auf die Gesamtfracht		
Containertarif eines Outsiders:	20´	40´
Frachtrate laut Tarif:	135,00 USD W/M	115,00 USD W/M
Minimale Containerauslastung: – bei Maßratengütern – bei Gewichtsratengütern	17 cbm 17 t	34 cbm 17 t
Maximale Containerauslastung: – bei Maßratengütern – bei Gewichtsratengütern	31,6 cbm 21,8 t	68,8 cbm 27 t
Congestion Surcharge für Containerumschlag: CAF:	180,00 USD je Container 7,5 % auf die Grundfracht	

Kundenanfrage bearbeiten   5.13

Sie sind Mitarbeiter(in) der SI Shipping Lines, Inc., 14, King Henry Road, in Singapur und erhalten heute folgendes Schreiben von einem Ihrer Kunden:

MITO TENT Industries Ltd.
72, Bukit Tinggi Road, Singapore 289760
Tel: (65) 6469 1133   Fax: (65) 6469 0319

SI Shipping Lines Inc.
14, King Henry Road
Singapore

19 March 20..

Dear Sirs,

We are going to ship a consignment of tents and further relevant equipment to Antwerp at the beginning of April 20... The consignment consists of 600 tents which have been packed into wooden crates marked 1 – 40, measuring 4.5 x 3 x 2 metres each and weighing 380 kilos (total weight).

Would you please inform us which vessels are available to reach Antwerp before the end of April? Please let us also know your freight rates.

Yours faithfully,

Roderick Stewart

General Manager

Antworten Sie Ihrem Kunden am 20.03. d. J. (in englischer Sprache). Ihr Schreiben sollte folgende Punkte beinhalten:

(1) (Dank für die Anfrage)

(2) Einzelheiten der Fahrzeiten vom 25. März bis 15. April auf der Strecke von Singapur nach Antwerpen (Belgien) sind beigefügt.

(3) Das erste verfügbare Schiff ist die „SS QUIMPERLE", die in der Zeit vom 3. bis 7. April lädt und am 2. Mai 20.. in Antwerpen sein wird.

(4) Die Frachtkosten für Sendungen in Holzkisten betragen USD 65 je Tonne.

(5) Versandvorschriften sind an die Routenbeschreibung angeheftet.

(6) (Schlussformel)

Benutzen Sie zur Abfassung Ihres Schreibens das Formular auf der nächsten Seite.

Hinweis: Sollte der Schreibraum zu knapp bemessen sein, fügen Sie ein weiteres Blatt hinzu.

Briefvordruck zu 5.13

SI Shipping Lines Inc.

14, King Henry Road, Singapore
Directors: J. Wu, R. Stewart, B. Johansson

Tel: (065) 8876 2319
Fax: (065) 8876 4552

SI Shipping Lines Inc., 14, King Henry Road, Singapore

.
.
.
.
.
.
.

date: _____

_____ (Anrede)

Sammelgut See 5.14

Situation:

Als verantwortliche(r) Mitarbeiter(in) der SPEDAIX GmbH, Aachen, sind Sie auch für Sammelgut-transporte per **Seeschiff** zuständig.

Heute erhalten Sie den Auftrag Ihres Versenders MEDITEC AG, Köln, folgende Sendung seemäßig zu verschiffen:

5 400 kg Laborausstattung, Volumen: 10,665 cbm
INCOTERM CFR Dubai (VAE)
Empfänger ist die SHEDLIN MIDDLE EAST HEALTH CARE GmbH & Co. KG mit Sitz in Dubai, VAE (Vereinigte Arabische Emirate)
Verschiffungshafen: Hamburg
Bestimmungshafen: Port Rashid, Dubai, VAE

Weitere Angaben:

- Seehafenspediteur ist Hermann Hansen, Hamburg (HHH GmbH)
- MEDITEC wünscht die Ausstellung eines FBL
- Es gelten die Preisvereinbarungen vom 15.01. d. J.
- Frachtführer Werner Wagenknecht e. K., Düren, erhält den Auftrag, die Sendung von Köln nach Hamburg zu befördern

a) Erstellen Sie die Rechnung für die MEDITEC AG, Düsseldorf unter Berücksichtigung der in den **Anlagen** (siehe nächste Seite) enthaltenen Informationen.

b) Ermitteln Sie das Rohergebnis für diesen Auftrag.

c) Beschreiben Sie den Seeweg, den das Schiff von Hamburg nach Dubai befährt.

5.14

Anlage 1

Preisvereinbarung vom 15.01. d. J. mit der MEDITEC AG, Düsseldorf	
Vorlauf Köln– Hamburg, 434 km	330,00 EUR
Seefracht CAF BAF THC	88,00 USD M/G 8 % 6 USD M/G 22,00 EUR/1 000 kg
FBL-Spesen	25,00 EUR
ISPS-Zuschläge – Stückgut (LCL) – Container (FCL)	 4,50 EUR pro Sendung 20,00 EUR pro Container
Maut zur Weiterberechnung für den Spediteur-sammelgutverkehr für 405 Autobahnkilometer	25,58 EUR

Anlage 2

Auszug aus der Rechnung von Werner Wagenknecht e. K., Düren

Köln – Hamburg		
LKW-Fracht für 5,2 Lademeter, 5 400 kg		298,00 EUR
Maut für 405 km mautpflichtiger Strecke		25,58 EUR
		323,58 EUR
	19 % MWSt	61,48 EUR
	Bruttobetrag	385,06 EUR

Anlage 3

Auszug aus der Rechnung der Hermann Hansen (HHH GmbH), Hamburg

OCEAN FREIGHT LCL 10,665 CBM x 60,00 USD	639,90 USD	491,38 EUR
CAF 8 %	51,19 USD	39,31 EUR
BAF 6 USD x 10,665 CBM	63,99 USD	49,14 EUR
1 EUR = 1,30224 USD		
THC 22 EUR x 5,4 t		118,80 EUR
ISPS SURCHARGE		4,50 EUR
		703,13 EUR

2 Prüfungsbereich
Kaufmännische Steuerung und Kontrolle

- Prozessorientierte Leistungserstellung in Spedition und Logistik
- Sammelgut- und Systemverkehre
- Logistische Dienstleistungen
- Kosten- und Leistungsrechnung
- Controlling

Fahrzeugkostenauswertung

1.01

Situation:

Spedition IFLAND aus München, kalkuliert für ihre baugleichen Fahrzeuge mit einem Tagessatz von 290,00 Euro und einem km-Satz von 0,68 Euro. Die Fahrzeuge werden sowohl im Sammelgutverkehr als auch für komplette Direktladungen eingesetzt. Um eine Angebotserstellung für die Gewichtsstufe 5 t zu systematisieren, soll eine Tabelle entwickelt werden, die Angaben über die fixen und variablen Fahrzeugkosten für 100 kg-Sätze enthält, die nach der Entfernung gestaffelt sind.

a) Vervollständigen Sie folgende Tabelle mit den entsprechenden Werten:

Veränderung der Fahrzeugkosten		Frachtsätze je 100 kg (in Euro) bei 5 000 kg
bei 150 km	Variable	2,04
	Fixe	5,80
	Gesamte	7,84
bei 250 km	Variable	...
	Fixe	...
	Gesamte	...
bei 400 km	Variable	...
	Fixe	...
	Gesamte	...

b) Berechnen Sie die fixen, variablen und gesamten Fahrzeugkosten für den 100 kg-Satz für eine Entfernung von 250 km in einer Gewichtsstufe von ...

ba) ... 10 t,

bb) ... 15 t.

c) Erklären Sie das Phänomen, das sich an der Entwicklung der Fahrzeugkosten je 100 kg in Abhängigkeit zur Beförderungsmenge zeigt.

1.02

Situation:

Die Spedition Emil AVERDICK, 52224 Stolberg, arbeitet als Versandspedition und bedient den Großraum Hannover.

Für die WERKZEUG GmbH aus 52062 Aachen, soll AVERDICK Bohrmaschinen, die für einen Baumarkt in 30419 Hannover-Herrenhausen bestimmt sind, versenden. Das Gewicht der Sendung beträgt 420 kg.

Spediteur AVERDICK lässt den Hauptlauf vom Transportunternehmer SCHMITTING aus 52249 Eschweiler durchführen. SCHMITTING berechnet für die insgesamt 14 t umfassende Sammelladung zum Empfangsspediteur in Hannover-Mitte einen Festpreis von 600,00 Euro. Mautkosten werden nicht gesondert berechnet.

Im Sammelladungsverkehr arbeitet AVERDICK mit folgenden Konditionen:

Abrechnungsposition	Euro je 100 kg	Euro je Einzelsendung
Abholen	9,80	
Umschlag SA (*)	4,83	
Regiekosten SA		9,07
Umschlag SE (**)	4,83	
Regiekosten SE		6,75
Zustellen	9,80	

(*) SA = Sammelgutausgang (Versandspedition)

(**) SE = Sammelguteingang (Empfangsspedition)

Berechnen Sie die für die WERKZEUG GmbH anfallenden (anteiligen) Kosten.

Lager-ABC-Analyse   1.03

Situation:

Die Spedition WUTTKE & EMRICH KG betreibt als Logistikdienstleister für die Kunden der KOSMETICA AG in Potsdam ein Konsignationslager. Um die Effizienz der Kommissionierung zu steigern, sollen die Artikel, die in ihrer Bedeutsamkeit höherrangig sind, in unmittelbarer Nähe der Kommissionierzonen gelagert werden. Zu diesem Zweck bittet die KOSMETICA AG um Erstellung einer ABC-Analyse.

Folgende Angaben liegen vor:

Artikel-Nr.	Artikelbezeichnung	Menge in Stück	Preis je Stück in Euro bei Einlagerung
544	Nagellack „Cello"	4 500	8,45
545	Lippenstift „Cleo"	6 000	12,50
607	Gesichtspuder „Louis XVI"	8 000	8,95
713	Fußcreme „Pedessimo"	1 900	9,35
715	Hautcreme "Satino"	7 000	9,80

Staffelung der A-, B- und C-Güter:

A-Güter = 20 % und mehr

B-Güter = 10 % bis unter 20 %

C-Güter = bis unter 10 %

Erstellen Sie eine ABC-Analyse mit den oben aufgeführten Warensorten und ermitteln Sie den wertmäßigen Anteil der A-, B- und C-Güter. Wie viel Prozent des Gesamtwertes stellen die A-Güter?

Erstellen Sie die Analyse nach folgendem Muster:

Runden Sie die Prozentanteile auf 1 Stelle hinter dem Komma!

Artikel-Nr.	Menge · Preis	A-Güter		B-Güter		C-Güter	
		Wert in Tsd. Euro	Wert in %	Wert in Tsd. Euro	Wert in %	Wert in Tsd. Euro	Wert in %
544 Nagellack							
545 Lippenstift							
607 Gesichtspuder							
713 Fußcreme							
715 Hautcreme							
Summe							

2.01   Kalkulatorische Kosten

Folgende Angaben liegen zur Kostenrechnung der Spedition J. Wagner OHG vor:

	Beträge in Euro
• Personalkosten	220.000,00
• Kfz-Steuer des betrieblichen Fuhrparks	6.500,00
• Kalkulatorische Wagnisse	14.000,00
• Kalkulatorischer Unternehmerlohn	55.000,00
• Kalkulatorische Zinsen	35.000,00

Im Rahmen der Vorbereitungen einer Ergebnistabelle soll geklärt werden, welche der vorgenannten Kosten als Grundkosten, Anderskosten oder Zusatzkosten anzusehen sind.

Ermitteln Sie anhand der vorgenannten Zahlen die Höhe der ...

a) Grundkosten (Euro)

b) Anderskosten (Euro)

c) Zusatzkosten (Euro)

2.02   Abschreibung

Teil I   Kalkulatorische Abschreibung

Die betriebliche Nutzungsdauer eines bestimmten Fahrzeugs (Bruttoanschaffungswert 107.100,00 Euro einschließlich 19 % MWSt) beträgt 12 Jahre, die lt. AfA-Tabelle hingegen 8 Jahre. Im Anschaffungspreis enthalten sind Reifen im Wert von 6.000,00 Euro zuzüglich 19 % MWSt. Am Ende der betrieblichen Nutzungsdauer wird mit einem Wiederbeschaffungswert (ohne Reifen) von 123.000,00 Euro (netto) gerechnet. Bei dem Altfahrzeug geht man von einem Restverkaufspreis in Höhe von 4.500,00 Euro (netto) aus.

Im Rahmen der Kostenrechnung sollen Sie Folgendes ermitteln:

a) die Basis für die kalkulatorische Abschreibung (Euro)

b) den Betrag für die jährliche kalkulatorische Abschreibung (Euro)

Fortsetzung auf der nächsten Seite

Abschreibung

Fortsetzung

Teil II Bilanzmäßige und kalkulatorische Abschreibung

Über ein Fahrzeug des betrieblichen Fuhrparks liegen Ihnen folgende Daten vor:

Position	Daten
Listenpreis des Basismodells (netto)	176.000,00 €
Sonderrabatt auf den Listenpreis	10 %
Anschaffungskosten (brutto)*	261.800,00 €
Wert der im Listenpreis enthaltenen Bereifung (netto)	5.280,00 €
Kaufdatum	10.02.2011
Nutzungsdauer lt. AfA-Tabelle**	8 Jahre
Durchschnittliche Fahrleistung pro Jahr	144.000 km
Geplante Gesamtfahrleistung	864.000 km
Faktor zur Berücksichtigung der Preissteigerung bis zum Ersatzzeitpunkt	1,23
Erwarteter Nettoerlös beim Verkauf des Fahrzeugs am Ende der geplanten Nutzungsdauer	28.000,00 €

* In den Anschaffungskosten (brutto) enthalten sind Zulassungs- und Überführungskosten sowie betriebsnotwendige Sonderausstattungen, die vom Basismodell des Serienfahrzeugs abweichen; ebenso 19 % Umsatzsteuer.

** Tabelle der Finanzbehörde über die anerkannte Nutzungsdauer für die „Absetzung für Abnutzung".

Ermitteln Sie

a) die Höhe der (aktivierungspflichtigen) Anschaffungsnebenkosten

b) die Höhe der bilanzmäßigen Abschreibung im Anschaffungsjahr (bei Vollausnutzung steuerlicher Vorteile)

c) den Basiswert für die kalkulatorische Abschreibung (Ergebnis auf volle Euro runden!)

d) den Prozentsatz für die lineare kalkulatorische Abschreibung

Ergebnisse sind, sofern erforderlich und nichts anderes bestimmt ist, auf 2 Nachkommastellen zu runden!

2.03   Kalkulatorische Zinsen

Das durchschnittlich gebundene betriebsnotwendige Vermögen eines Speditionsbetriebes betrug 6,15 Mio. Euro für das Jahr 2010. Die tatsächlich gezahlten Fremdkapitalzinsen in 2010 beliefen sich auf 279.000,00 Euro. Der kalkulatorische Zinssatz wurde mit $6\,^2/_3$ % p. a. angesetzt.

Der Spediteur will nun wissen, wie viel Euro aufgrund der verrechneten kalkulatorischen Zinsen für sein Eigenkapitals angesetzt werden konnten.

Ergebnisse sind ggf. auf 2 Nachkommastellen zu runden!

a) Bestimmen Sie die Höhe der Eigenkapitalzinsen (in Euro).

b) Wie hoch war das durchschnittlich gebundene Fremdkapital in 2010, wenn der tatsächlich gezahlte Fremdkapitalzins bei 6 % lag?

c) Welchem Zinssatz entsprach die Eigenkapitalverzinsung im Jahr 2010?

2.04   Kalkulatorischer Unternehmerlohn

Folgende Ertragsmeldungen liefert die Geschäftsbuchführung einer Speditionseinzelunternehmung für das auslaufende Geschäftsjahr:

	Beträge in Euro
• Summe der Speditionserlöse	3.240.000,00
• Summe der Zinserträge	15.000,00
• Summe der Erträge aus Anlageverkäufen	112.000,00

Der Inhaber möchte in seiner Kosten- und Leistungsrechnung einen kalkulatorischen Wert für den Unternehmerlohn ansetzen. Da er über keine vergleichbaren Werte verfügt, soll der Unternehmerlohn mittels der sog. Seifenformel ($18 \cdot \sqrt{\text{Umsatz}}$) angesetzt werden.

Ermitteln Sie die Höhe des kalkulatorischen Unternehmerlohns (Euro), der mittels dieser Formel zum Ansatz gebracht werden kann.

Abgrenzungsrechnung

2.05

Folgende Angaben aus der Geschäftsbuchführung (Rechnungskreis I) der Walter KOXX Kraftwagenspedition, Düren, liegen vor:

Konto	Bezeichnung	Werte in Tsd. Euro
20	Außerordentliche Aufwendungen	10
22	Zinsaufwendungen	90
247	Bilanzmäßige Abschreibungen	240
249	Wagnisse	20
25	Außerordentliche Erträge	430
40	Lohn- und Lohnnebenkosten	180
41	Gehalts- und Gehaltsnebenkosten	120
42	Fuhrparkkosten	80
44	Verwaltungskosten	15
45	Sonstige Steuern, Versicherungen	25
46	Unternehmenskosten	45
74	Kraftwagenspedition	200
84	Kraftwagenspedition	845

Zusätzliche Angaben sind zu berücksichtigen:

Werte in Tsd. Euro

- Anschaffungswert des Anlagevermögens — 1.200
  Wiederbeschaffungswert des Anlagevermögens — 1.500
  Bilanzmäßiger Abschreibungssatz 20 %
  Kalkulatorischer Abschreibungssatz 15 %

- Betriebsnotwendiges Kapital — 1.900
  Durchschnittlicher Zinssatz 10 %

- Kalkulatorischer Unternehmerlohn — 28

- Kalkulatorische Wagnisse — 25

Ermitteln Sie mit Hilfe der Abgrenzungstabelle (siehe nächste Seite) die einzelnen Teilergebnisse der Kraftwagenspedition KOXX.

Fortsetzung auf der nächsten Seite

2.05   Abgrenzungsrechnung

Fortsetzung

Ergebnistabelle der Kraftwagenspedition KOXX

Bitte vervollständigen Sie die Tabelle durch Eintragen der entsprechenden Werte:

Abgrenzungsrechnung (Ergebnistabelle) der Kraftwagenspedition KOXX (Werte in Tsd. Euro)									
Geschäftsbuchführung (RK I)			Abgrenzungsbereich					Kosten- und Leistungsrechnung (RK II)	
Unternehmensergebnis			Unternehmens- bezogene Abgrenzungen		Kostenrechnerische Korrekturen			Betriebsergebnis	
Konto Nr	Aufwen- dungen	Erträge	Aufwen- dungen	Erträge	Aufwen- dungen lt. RK I	Verrech- nete Kosten		Kosten	Leis- tungen
20									
22									
247									
249									
25									
40									
41									
42									
44									
45									
46									
74									
84									
Kalk. UL									
Summen									
Salden									
Summen									

Fortsetzung auf der nächsten Seite

Abgrenzungsrechnung   2.05

Fortsetzung

Abstimmung der Ergebnisse
(Tragen Sie in das erste Kästchen ein (+) ein, wenn das Ergebnis postiv ausfällt bzw. ein (-) ein, wenn es negativ ausfällt):

Werte in Tsd. Euro

a) Das Unternehmensergebnis beträgt

b) Das Ergebnis aus unternehmensbezogenen Abgrenzungen beträgt

c) Das Ergebnis aus kostenrechnerischen Korrekturen beträgt

d) Das Betriebsergebnis beträgt

Kostenarten   2.06

Zur Vorbereitung einer Betriebsabrechnung sollen in der internationalen Spedition LEDERER & Söhne OHG, Hannover, folgende Aufwendungen bestimmten Kostenarten zugeordnet werden:

Aufwendungen	Beträge in Euro
• Kraftstoffverbrauch	2.000
• Transportversicherungsprämien	1.600
• Kfz-Versicherungsprämien	1.000
• Gehälter	80.000
• Behältermieten	800
• Eingangsabgaben (Zölle, EUSt)	4.000

Bestimmen Sie die jeweilige Kostensumme für die folgenden Kostenarten:

Kostenarten:

a) Summe aller Einzelkosten (Euro)

b) Summe aller Gemeinkosten (Euro)

c) Summe aller Fixkosten (Euro)

d) Summe aller variablen Kosten (Euro)

2.07 Einstufige Betriebsabrechnung

Die LOGSPEDIA GmbH, 50127 Quadrath-Ichendorf, wickelt internationale und nationale Verkehre ab sowie entwickelt und verkauft Logistikkonzepte an Kunden. Um eine abteilungsbezogene Abrechnung für den Monat 03/2011 durchzuführen, müssen noch folgende Gemeinkosten nach einem betrieblichen Verteilungsschlüssel auf die drei Leistungsabteilungen umgelegt werden.

Folgende Angaben für den Monat 03/2011 sind bekannt:

Gemeinkosten	Beträge in Euro	Nationale Verkehre	Internationale Verkehre	Logistik-Service
Personalkosten	45.000			
Energiekosten	2.000			
Mietkosten	12.000			
Leasingkosten EDV	15.000			
Versicherungen	6.000			
Büromaterialverbrauch	2.000			
Betriebliche Abgaben	6.000			
Kommunikationskosten	9.000			
Summe	97.000			

Verteilungsschlüssel (Anteile in der Reihenfolge der o. g. Abteilungen):

- Personalkosten: Gehaltsliste   7 : 4 : 4
- Energiekosten: Verbrauchszähler   4 : 3 : 3
- Mietkosten: Raumfläche in qm   200 : 240 : 160
- Leasingkosten: Nutzungsfaktoren (NF)   1 : 1 : 1
- Versicherungen: Risikofaktoren   1 : 2 : 1
- Büromaterialverbrauch: MES (*)   250 : 450 : 1.300
- Betriebliche Abgaben: Drittelung   1 : 1 : 1
- Kommunikationskosten: NF   1 : 2 : 3

(*) MES = Materialentnahmescheine

a) Ermitteln Sie die vorläufigen Gemeinkosten der Abteilung Logistik-Service anhand der vorgegebenen Verteilungsschlüssel. (Euro)

b) Wie hoch ist das Monatsergebnis (Euro) der Abteilung Logistik-Service, wenn folgende Zusatzangaben bekannt sind:

weitere Gemeinkosten dieser Abteilung	63.000 €
Abteilungseinzelkosten	44.000 €
Abteilungserlöse	170.000 €

Mehrstufige Betriebsabrechnung   2.08

Am Ende des **1. Quartals 2011** liegt die folgende Betriebsabrechnung der Spedition Martin DENGLER e. Kfm., Nürnberg, vor:

Gemeinkosten	Summe	Allg. Hilfskosten-stelle	Besondere Hilfskosten-stelle	Hauptkostenstellen			
		Kantine	Werkstatt	Kraft-wagen-Sped.	Luftfracht-Sped.	Seefracht-Sped.	Lagerei
Löhne	230.000	20.000	40.000	70.000	30.000	40.000	30.000
Gehälter	106.500	8.000	10.000	35.000	25.000	20.000	8.500
Fuhrparkkosten	360.000	0	0	170.000	55.000	45.000	90.000
Raumkosten	30.000	2.000	1.000	8.000	6.000	5.000	8.000
Steuern, Vers.	48.000	1.000	4.000	20.000	9.000	10.000	4.000
Untern.-Kosten	36.500	500	4.000	8.000	10.000	8.500	5.500
Verwaltungsk.	80.000	500	5.000	22.000	25.000	15.500	12.000
Kalk. U-Lohn	30.000	1.000	3.000	8.000	5.000	9.500	3.500
Kalk. Zinsen	98.000	1.500	3.500	25.000	35.000	13.000	20.000
Kalk. Abschr. (*)	255.000	5.000	15.000	80.000	50.000	45.000	60.000
Kalk. Wagnisse	20.000	500	500	10.000	3.000	2.500	3.500
Summe der Gemeinkosten	1.294.000	40.000	86.000	456.000	253.000	214.000	245.000
Umlage Kantine	1 : 3 : 1 : 1 : 2						
Umlage Werkstatt	6 : 1 : 2 : 1			a)			
Summe der GK nach Umlage							
Einzelkosten	Gemäß Angaben der Buchhaltung aus Kontenklasse 7			322.000	155.500	195.000	218.000
Abteilungs-Kosten						b)	
Abteilungs-Erlöse	Gemäß Angaben der Buchhaltung aus Kontenklasse 8			990.000	515.000	595.000	485.000
Abteilungs-ergebnis							c)

Betriebsabrechnung der Spedition Martin DENGLER e. Kfm., Nürnberg für das 1. Quartal 2011 – Werte in Euro

(*) vom abschreibbaren Anlagevermögen

Fortsetzung auf der nächsten Seite

2.08 **Mehrstufige Betriebsabrechnung**

Fortsetzung

Ermitteln Sie anhand des von Ihnen noch zu vervollständigenden Betriebsabrechnungsbogens (BAB)
...

a) den Anteil der Umlage Werkstatt für die Luftfracht-Spedition (Euro)

b) die Abteilungskosten der Seefracht-Spedition (Euro)

c) das Abteilungsergebnis der Lagerei (Euro)

d) die Umsatzrendite der Abteilung Lagerei (%)

e) den prozentualen Anteil des Abteilungsergebnisses der Seefracht-Spedition am
   Gesamtergebnis der Spedition Martin DENGLER e. Kfm. (%)

f) das Speditionsrohergebnis der Abteilung „Kraftwagenspedition" (Tsd. Euro)

g) die Gesamt-Umsatzrentabilität (%)

h) den Prozentsatz der **echten Zusatzkosten** an den Gesamtkosten der Abteilung
   Seefracht-Spedition (%)

i) den Wiederbeschaffungswert des abschreibbaren Anlagevermögens in Tsd. Euro,
   wenn bei der kalkulatorischen Abschreibung ein Abschreibungssatz von 16 $\frac{2}{3}$ %
   angenommen wurde (Tsd. Euro)

j) das betriebsnotwendige Kapital in Tsd. Euro bei einem Jahreszinssatz von 5 %
   (Tsd. Euro)

(Hinweis: Alle Ergebnisse sind, falls erforderlich, auf **2 Stellen** hinter dem Komma zu runden!)

Fahrzeugkostenkalkulation I   2.09

Fall 1

Für ein im Großbaustellenverkehr eingesetztes Spezialfahrzeug (3-Achs-Kipper) des gewerblichen Güterkraftverkehrs soll eine Fahrzeugkostenrechnung erstellt werden. Die folgenden Daten (Pos. 01 – 30) sind bekannt:

Pos.	A. Fahrzeugdaten (technische Angaben)		Pos.	C. Kostendaten	
01	Kennzeichen:	AC-SN 200		**C.1 Bewegliche Kosten (ct/Jahr)**	
02	Betriebsnummer:	210752	18	Abnutzung als beweglicher Teil der Abschreibung vom halben Kaufpreis (ohne Reifen), bezogen auf die Nutzungsdauer in km	
03	Aufbau:	Kipper	19	Treib- und Schmierstoffkosten (an Schmierstoffverbrauch werden 5 % der Treibstoffkosten unterstellt)	
04	Motorleistung (KW):	293	20	Reifenverbrauch in Abhängigkeit der Laufleistung	
05	Anzahl Reifen:	10	21	Reparaturen (langjähriger Mittelwert: 33,5 ct/km)	
06	Zul. Gesamtgewicht in t	24		**C.2 Personalkosten(€/Jahr)**	
07	Nutzlast in t	15	22	Fahrerlöhne brutto	30.000
08	Anzahl Achsen	3	23	Sozialaufwand	40 %
	B. Kalkulationsdaten		24	Fahrerspesen	2.000
09	Kaufpreis mit Reifen (€)	190.000		**C.3 Feste Fahrzeugkosten (€/Jahr)**	
10	Kilometer p. a.	40 000	25	Verzinsung (10 % p. a.) vom halben Kaufpreis	
11	Einsatztage p. a.	200	26	Entwertung als fester Teil der Abschreibung vom halben Kaufpreis (ohne Reifen), bezogen auf die Nutzungsdauer in Jahren	
12	Nutzungsdauer (in Jahren)	10	27	Kfz-Steuer	5.957
13	Nutzungsdauer (in km)	400 000	28	Kfz-Versicherung (Haftpflicht und Kasko)	7.407
14	Reifenlaufleistung (in km)	70 000		**C.4 Verwaltungskosten (€/Jahr)**	
15	Reifenpreis (€/Stück)	850	29	Umlage für Büromaterial, Steuern, Gebühren etc.	12.000
16	Treibstoffpreis (€/Liter)	0,95		**C.5 Kalkulatorische Kosten (Aufschlag)**	
17	Verbrauch (Liter/100 km)	33	30	Kalkulatorische(r) Unternehmerlohn und Wagnisse	10 %

Fortsetzung auf der nächsten Seite

2.09   Fahrzeugkostenkalkulation I

Fortsetzung

1. Teil

Ermitteln Sie auf der Basis der vorgenannten Daten folgende Werte:

(Hinweis: Zwischenergebnisse sind – sofern nichts anderes ausgesagt ist – auf **1 Stelle** hinter dem Komma zu runden!)

a) Bewegliche Gesamt-Kosten der Gruppe C.1 (Ct./km)

b) Summe der Gesamt-Personalkosten der Gruppe C.2 (Euro/Jahr)

c) Summe der festen Fahrzeugkosten der Gruppe C.3 (Euro/Jahr)

d) Summe der festen Gesamtkosten aus den Gruppen C.2 bis C.4 (Euro/Jahr)

e) Aufschlag für kalkulatorische Kosten auf die festen Gesamtkosten (halber Satz)
   (Auf volle € runden!) (Euro/Jahr)

(Folgende Ergebnisse sind auf **2 Stellen** hinter dem Komma zu runden!)

f) Aufschlag für kalkulatorische Kosten auf die beweglichen Gesamtkosten (halber Satz)
   (Euro/km)

g) Tagessatz (unter Berücksichtigung des Aufschlags für kalkulatorische Kosten)
   (Euro/Tag)

h) Kilometersatz (unter Berücksichtigung des Aufschlags für kalkulatorische Kosten
   (halber Satz) (Euro/km)

2. Teil

Das 3-Achs-Kipperfahrzeug soll im Rahmen eines Auftrages an 3 aufeinander folgenden Werktagen beschäftigt werden. Die gefahrene Kilometerleistung liegt bei 42 km pro Tag.

Kalkulieren Sie die Selbstkosten, die dieser Auftrag verursacht (unter Berücksichtigung der im Teil A ermittelten relevanten Werte):

(Hinweis: Ergebnisse sind auf **2 Stellen** hinter dem Komma zu runden!)

i) Feste Kosten des Auftrags (Euro)

j) Bewegliche Kosten des Auftrags (Euro)

k) Selbstkosten des Auftrags (Euro)

l) Angebotspreis des Auftrags (einschließlich 19 % MWSt), wenn ein Gewinnzuschlag
   von 8 $\frac{1}{3}$ % kalkuliert wird (Euro)

Fortsetzung auf der nächsten Seite

Fahrzeugkostenkalkulation I   **2.09**

Fortsetzung

Fall 2 (ungebundene Aufgabe)

Folgende Angaben über ein Nutzfahrzeug (24 t Nutzlast) liegen vor (Auszug aus den Positionen der Kalkulation):

Zeile	A Technische Angaben		
5	Anzahl der Reifen		8
	B Kalkulationsdaten		
9	Jahreslaufleistung (96 % mautpflichtig)		100 000 km
10	Jahreseinsatzzeit		240 Tage
12	Nutzungsdauer		10 Jahre
13	Reifenlaufleistung		100 000 km
14	Kraftstoffverbrauch		30 l/100 km
15	Kraftstoffpreis		0,80 €/l
	C Kapitalwerte		
16	Fahrzeugkaufpreis ohne Reifen		100.000,00 €
17	Kaufpreis Bereifung (Stückpreis)		1.250,00 €
18	Durchschnittl. gebundenes Umlaufvermögen		20.000,00 €
19	Betriebsnotwendiges Vermögen		
	D Kalkulation		
20	Abschreibung (Abnutzung 50 %) p. a.		
21	Kraftstoffkosten p. a.		
22	Schmierstoffe/Öl (3 % der Kraftstoffkosten) p. a.		
23	Reifenkosten p. a.		
24	Reparaturen p. a.		6.000,00 €
26	Maut 18,3 Ct./km		

Fortsetzung auf der nächsten Seite

Fortsetzung

Fall 2 (ungebundene Aufgabe)

Zeile	D Kalkulation		
28	Fahrerlohn		25.200,00
31	Sozialaufwendungen		25 %
33	Personalfaktor		1,0
34	Spesen je Einsatztag		10,00 €
36	Abschreibung (Entwertung 50 %) p. a.		
37	Verzinsung 5 % p. a.		
38	Kfz-Steuer p. a.		3.000,00 €
39	Kfz-Haftpflichtversicherung p. a.		4.000,00 €
40	Kfz-Kaskoversicherung (für die ersten 2 Jahre) p. a.		2.000,00 €
41	Güterschadenshaftpflichtversicherung p. a.		1.000,00 €
44	Verwaltungskosten p. a.		12.000,00 €

a) Ermitteln Sie die noch fehlenden Werte in der Kalkulation (siehe Tabelle) und tragen Sie diese ein.

b) Werten Sie die Kalkulationsdaten aus, indem Sie folgendes Schema durch die noch offenen Werte ergänzen (Eingetragene Werte sind auf ihre Richtigkeit zu überprüfen):

Zeile	Auswertung	€/Jahr
50	km-abhängige Kosten	
51	Fahrpersonalkosten	
52	Feste Fahrzeugkosten	
53	Fahrzeugeinsatzkosten	114.338,00
54	Gemeinkosten	
55	Zeitabhängige (fixe) Kosten	
56	Gesamtkosten	126.338,00

Fahrzeugkostenkalkulation II

2.10

Spediteur Hellmann aus 01099 Dresden, erwarb 2009 einen neuen LKW mit einem zulässigen Gesamtgewicht von 24 t. Die Nutzlast beträgt 14 t. Der LKW wird wie folgt in Rechnung gestellt:

LKW 24 t Listenpreis	195.000,00 €
Sonderrabatt	25.000,00 €
Zulassung	300,00 €
Überführung	1.700,00 €
Werbeaufschrift	3.000,00 €
MwSt 19 %	33.250,00 €
Rechnungspreis	208.250,00 €

Im Kaufpreis ist der Neuwert der Bereifung (zugleich auch Wiederbeschaffungswert) mit 9.200,00 € zuzüglich 19 % MwSt enthalten.

Weitere Angaben:

- Die Kosten für die Ersatzbeschaffung am Ende der Nutzungsdauer werden auf 235.000,00 € zuzüglich MWSt geschätzt.
- Der Wiederverkauferlös wird auf 12.500,00 € netto geschätzt.
- Der LKW bindet durchschnittlich 30.000,00 € Umlaufvermögen.
- Geschätzte Nutzungsdauer in km: 650 000.
- Jährliche Km-Leistung: 130 000 (davon 80% mautpflichtig).
- Geschätzte Nutzungsdauer der Reifen in km: 150 000.
- Einsatztage pro Jahr: 250.
- Kraftstoffverbrauch: 34 l/100 km.
- Kraftstoffpreis je Liter: 0,95 € netto.
- Schmierstoffkosten: 3,5 % der Kraftstoffkosten.
- Abschreibung ist je zur Hälfte leistungs- bzw. zeitabhängig
- Kfz-Steuer: 7.098,00 € jährlich.
- Kfz-Versicherung: 4.874,00 € jährlich.
- Garage/Unterstellung: 360,00 € pro Halbjahr.
- Reparaturkosten: 7.500,00 € je Quartal.
- Kalkulatorischer Zinsfuß: 6 %.
- Fahrerlohn: 27.500,00 € jährlich.
- Personalfaktor: 1,5.
- Arbeitgeberanteil zur Sozialversicherung: 22 %.
- Jährliche Fahrerspesen (unter Berücksichtigung des Personalfaktors) insgesamt: 6.750,00 €.
- Allgemeine Verwaltungskosten p.a.: 11.500,00 €
- Maut: 18,3 Ct./km

Fortsetzung auf der nächsten Seite

2.10 Fahrzeugkostenkalkulation II

Fortsetzung

Beantworten Sie folgende Fragen zum Sachverhalt:

(Hinweis: Ergebnisse sind auf **2 Stellen** hinter dem Komma zu runden!)

a) Wie hoch ist die kalkulatorische Jahresabschreibung? (Euro)

b) Wie hoch sind die kalkulatorischen Jahreszinsen? (Euro)

c) Wie viel EURO betragen die fixen Einsatzkosten pro Jahr? (Euro)

d) Wie hoch sind die jährlich anfallenden Kraftstoffkosten? (Euro)

e) Welcher Betrag ist für die jährlichen Reifenkosten anzusetzen? (Euro)

f) Wie hoch sind die variablen Einsatzkosten p. a.? (Euro)

g) Wie hoch sind die fixen Fahrzeugkosten p. a.? (Euro)

h) Welcher Tagessatz ergibt sich? (Euro)

i) Wie hoch ist der km-Satz? (Auf **3 Stellen** hinter dem Komma runden!) (Euro)

j) Wie hoch sind die Fahrzeugkosten je 100 kg für einen Auftrag, bei dem
6 t über eine Entfernung von 400 km befördert werden sollen? (Euro)

k) Um wie viel Prozent liegt der km-Satz über den reinen Kraftstoffkosten je km? (%)

2.11 Lagerkostenkalkulation I

Für ein Lagerhaus der Spedition ROTTMANN GmbH, 39114 Magdeburg, sind folgende Daten gegeben:

Werte in Euro pro Jahr	
Kalkulatorische Abschreibung	240.000
Kalkulatorische Zinsen	113.000
Reparaturkosten	12.000
Versicherungskosten	36.000
Energiekosten	64.800
Allgemeine Verwaltungskosten	51.520
Zusatzangaben:	
Durchschnittlicher Lagerbestand	5 200 t
Durchschnittl. belegte Lagerfläche	8 000 qm

Fortsetzung auf der nächsten Seite

Lagerkostenkalkulation I

2.11

Fortsetzung

Berechnen Sie für die ROTTMANN GmbH ...

(Ergebnisse auf **2 Stellen** hinter dem Komma runden)

a) die durchschnittlichen monatlichen Lagerungskosten je qm (Euro)

b) die durchschnittliche Gewichtsauslastung pro qm (kg)

c) wie viel Euro die durchschnittlichen monatlichen Lagerungskosten für 100 kg betragen (Euro)

d) um wie viel Prozent der unter c) ermittelte Wert abweicht vom Vorjahreswert, der bei 1,12 Euro lag (%)
(Kennzeichnen Sie Ihr Ergebnis mit einem (+) bzw. (-), je nachdem, ob der Wert darüber oder darunter liegt.)

Lagerkostenkalkulation II

2.12

Der Toilettenpapierhersteller PROPODEX AG lagert bei der Spedition WÜST GmbH, Stuttgart, einen Teil seiner Produkte ein. Das monatliche Einlagerungsgewicht beträgt 550 t. Die einzulagernde Ware wird auf Paletten mit jeweils 500 kg angeliefert. Das monatliche Auslagerungsgewicht für die PROPODEX AG beträgt ebenfalls 550 t. Auch die auszulagernde Ware befindet sich auf Paletten mit 500 kg.

Bei der monatlichen Einlagerung der 550 t werden für den Gabelstaplereinsatz täglich 105 Minuten, für die Auslagerung täglich 2 ¾ Gabelstaplerstunden benötigt. Der Gabelstapler verursacht pro Stunde Kosten in Höhe von 12,00 Euro. Es werden 22 Arbeitstage zugrunde gelegt. Die Kosten einer Arbeitsstunde betragen 33,00 Euro.

Berechnen Sie für je 100 kg die Kosten der ...

(Ergebnisse auf **3 Stellen** hinter dem Komma gerundet)

a) Einlagerung (Euro)

b) Auslagerung (Euro)

c) Umschlaggeräte (Euro)

3.01   Preisuntergrenzen

Axel C. WAGENKNECHT, Aachen-Brand, bedient zur Zeit mit 20 baugleichen Fahrzeugen als selbst eintretender Spediteur die Relation Aachen – Konstanz. In seiner Fahrzeugkostenrechnung kalkuliert er mit Tages- und Kilometersätzen auf Vollkostenbasis.

Jeweils 30 % von Tages- bzw. km-Satz entfallen dabei auf die hälftig kalkulierte Abschreibung der Fahrzeuge sowie weiterer kalkulatorischer Kosten, die nicht (mehr) ausgabewirksam sind. Die zu fahrende Distanz beträgt 585 km. Auf Basis dieser Kalkulationsdaten bietet er – bei Vollauslastung des jeweiligen Fahrzeugs durch Komplettladungen – der Mehrzahl seiner Kunden für die obige Relation folgende Transportleistung an, wobei WAGENKNECHT einen Gewinnzuschlag von 10 % auf seine Selbstkosten nimmt:

Angebot	
Fahrzeugeinsatz am Tag X	
Relation: AC – KN	
Tagessatz:	418,00 €
Km-Satz:	0,88 €
Angebotspreis (incl. 19 % MwSt):	1.110,03 €

a) Wie hoch sind WAGENKNECHTS Selbstkosten? (Euro)

b) Bei einer Kapazitätsauslastung von 80 % könnte WAGENKNECHT seine nicht beschäftigten Fahrzeuge für einen Neukunden einsetzen, der jedoch nur 700,00 Euro (netto) je Fahrt nach Konstanz zu zahlen bereit ist.

   Wie hoch ist der mit dem Neukunden zu erzielende Gesamterlös, der übrig bleibt, um die fixen Kosten der eingesetzten Fahrzeuge zu decken? (Euro)

c) Wo liegt WAGENKNECHTS untere Preisgrenze (netto), deren Unterschreiten wirtschaftlich nicht sinnvoll wäre? (Euro)

d) Wie hoch sind die von WAGENKNECHT kalkulierten Kosten, die auch bezahlt werden müssen, also seine Liquidität verringern? (Euro)

e) Wo liegt die langfristige Preisuntergrenze WAGENKNECHTS? (Euro)

Deckungsbeitragsrechnung 3.02

Fall 1 Einstufige Deckungsbeitragsrechnung

Im Monat 03/09 liegen für die verdienenden Geschäftsbereiche der LOGISPED International Ltd., Frankfurt am Main, folgende Zahlen vor:

Geschäftsbereich	A-logistics	B-logistics	C-logistics
Durchschnittlicher Nettoverkaufserlös je Auftrag	860,00 €	544,00 €	285,00 €
Durchschnittliche variable Kosten je Auftrag	320,00 €	502,00 €	38,00 €
Anzahl der monatlichen Aufträge	55 Aufträge	310 Aufträge	290 Aufträge

Die Fixkosten im ABC-logistics-Bereich betragen jährlich 2.582.580 Euro.

a) Wie hoch ist der Stückdeckungsbeitrag im Bereich A-logistics? (Euro)

b) Wie hoch ist der gesamte Deckungsbeitrag für den Bereich der B-logistics? (Euro)

c) Ermitteln Sie das Monatsergebnis der LOGISPED International Ltd. (Euro)

   (Kennzeichnen Sie das Ergebnis mit (+) bzw. (–), je nachdem, ob es positiv oder negativ ausfällt.)

d) Um das Monatsergebnis zu verbessern, empfiehlt ein Controller folgende Maßnahmen:

   - Aufgabe der B-logistics, was zu einer Absenkung der Fixkosten um 50 % führt.
   - Verstärkung der Marketingaktivitäten im Bereich der C-Logistics, was zu einer Erhöhung der monatlichen Fixkosten um 50.000 €, aber auch zu einer Auftragsverbesserung um 100 % im C-Bereich führt.

   Ermitteln Sie das optimierte Monatsergebnis unter Berücksichtigung der vorgenannten Maßnahmen. (Euro)

   (Kennzeichnen Sie das Ergebnis mit (+) bzw. (-), je nachdem, ob es positiv oder negativ ausfällt.)

Fortsetzung auf der nächsten Seite

3.02   Deckungsbeitragsrechnung

Fortsetzung

Fall 2   Mehrstufige Deckungsbeitragsrechnung (ungebundene Aufgabe)

Für das letzte Quartal liegen der SELUKRA GmbH folgende Daten vor:

Daten aus dem Rechnungskreis I

Konto	Bezeichnung	Beträge in €
8100	Seehafenspedition	633.000,00
8200	Luftfrachtspedition	314.500,00
8430	Güterkraftverkehr (GKV) – national	845.600,00
8431	Güterkraftverkehr (GKV) – international	1.264.200,00

Konto	Bezeichnung	Beträge in €
7100	Seehafenspedition	378.500,00
7200	Luftfrachtspedition	119.200,00
7430	Güterkraftverkehr (GKV) – national	592.000,00
7431	Güterkraftverkehr (GKV) – international	799.500,00

Weitere Daten aus den Rechnungskreisen I und II

Abteilung	Beschäftigungsabhängige Kosten – soweit nicht als Einzelkosten im RK I bereits erfasst – (Beträge in €)	Leasingkosten für Kopiergeräte, EDV-Ausstattung (Beträge in €)	Personalkosten (Beträge in €)
Seehafenspedition	23.000,00	18.900,00	76.000,00
Luftfrachtspedition	8.500,00		54.000,00
GKV – national	85.000,00	22.800.00	206.600,00
GKV – international	104.300,00	23.900,00	223.600,00
Summen	220.800,00	65.600,00	560.200,00

- Auf die gesamte Kraftwagenspedition (GKV national und international) entfallen zeitabhängige Abschreibungen in Höhe von 280.400,00 €.

- Die unternehmensfixen Kosten (Verwaltung, Over-head-Kosten etc.) belaufen sich auf insgesamt 233.400,00 €

Fortsetzung auf der nächsten Seite

Deckungsbeitragsrechnung

3.02

Fortsetzung

Fall 2 Mehrstufige Deckungsbeitragsrechnung (ungebundene Aufgabe)

a) Führen Sie eine mehrstufige Deckungsbeitragsrechnung durch (s. unten stehende Anlage zu Fall 2).

Tragen Sie die Werte in das Anlagenschema ein und berechnen Sie die Deckungsbeiträge I bis IV.

b) Wie verändert sich das Betriebsergebnis, wenn die „schwächste" Abteilung eliminiert und dadurch 60 % bei deren abteilungsfixen und 30 % bei deren bereichsfixen Kosten kurzfristig abgebaut werden können?

Ermitteln Sie das neue Betriebsergebnis.

Anlage zu Fall 2 Mehrstufige Deckungsbeitragsrechnung

Deckungs-beitragsrechnung (mehrstufig) Alle Beträge in €	Seefracht-spedition	Luftfracht-spedition	Güterkraft-verkehr national	Güterkraft-verkehr international	Summen
Erlöse					
Variable Kosten					
DB I					
Abteilungsfixe Kosten					
DB II					
Bereichsfixe Kosten					
DB III					
Unternehmens-fixe Kosten					
DB IV (Betriebsergebnis)					

3.03 Deckungsbeitrag und Break-even-Analyse

Teil I Break-even-Analyse

Die 10 Sattelzüge der WESTTRANS GmbH, 21337 Lüneburg, verursachen pro Jahr Fixkosten in Höhe von 1,575 Mio. Euro. Für einen Großkunden sollen jährlich 2 300 Touren gefahren werden. Der Kunde ist bereit, für jede Tour einen Festpreis von 1.200,00 Euro zu zahlen. Durchschnittlich fallen pro Tour 450,00 Euro variable Kosten an.

a) Wie viel Touren müssen gefahren werden, damit die WESTTRANS GmbH die Gewinnschwelle (break-even-point) erreicht?

b) Wie hoch ist der Auslastungsgrad der Sattelzüge (in %) im Break-even-Point?

c) Wie viel Gewinn/Verlust im Jahr erwirtschaftet die WESTTRANS GmbH bei Auftragsausführung? (Euro)

d) Berechnen Sie das Gewinnmaximum, wenn von einer Kapazitätsgrenze von 2 400 Touren auszugehen ist. (Euro)

Teil II Deckungsbeitrag und Break-even-Point

Situation:

Der Güterkraftverkehrsunternehmer M. Arginalis e. Kfm., Stuttgart, gerät mit seinen Transportleistungen unter Preisdruck. Die Mitbewerber liegen durchschnittlich 15 % unter seinen Angebotspreisen.

Ein Controller prüft Einsparpotenziale bei den Kosten, die ggf. auch zum Abbau von Überkapazitäten führen können. Momentan stellt sich die Kosten- und Erlössituation für Arginalis wie folgt dar:

p	2,00 €	Angebotspreis (netto) je Leistungskilometer
db	1,20 €	Stückdeckungsbeitrag je Leistungskilometer
KF	800.000,00 €	Fixe Gesamtkosten pro Jahr
KGr	960 000 km	Kapazitätsgrenze des Fuhrparks pro Jahr

Der Controller entwickelt auf der Basis einer Kostenanalyse zur momentanen Ausgangssituation zwei Alternativpläne (A und B):

Plan	Maßnahmen
A	Absenken des Angebotspreises auf Konkurrenzniveau. Einsparung bei den variablen Kosten sowie Abbau von Überkapazitäten im Fahrzeugbestand.
B	Unterbieten der Konkurrenzpreise unter Beibehaltung der Kapazitätsgrenze. Einsparen von variablen Kosten und Abbau von Personalkosten.

Fortsetzung auf der nächsten Seite

Deckungsbeitrag und Break-even-Analyse　　　　　　　　3.03

Fortsetzung

Die folgende Übersicht zeigt diese Maßnahmen in Form prozentualer Abschläge auf:

Veränderbare Größen		Ausgangs-situation	Plan A	Plan B	
p		2,00 €	– 15 %	– 25 %	
db		1,20 €	– 15 %	– 25 %	
KF		800.000,00 €	– 20 %	– 35 %	
KGr		960 000 km	– 20 %	–	
B.e.P. (km)		aa)	ab)	ac)	Break-even-Point
Gmax		ba)	bb)	bc)	Gewinnmaximum
PU je km	kfr.	caa)	cba)	cca)	Kurzfristige Preisuntergrenze
	lfr.	cab)	cbb)	ccb)	Langfristige Preisuntergrenze

Ermitteln Sie für die Ausgangssituation und die Alternativpläne

a) die kostendeckende Kilometerleistung im Break-even-Point (B.e.P.) (Auf volle km runden)

b) die Gewinne/Verluste bei Vollauslastung der jeweiligen Kapazität (Gmax)

c) die kurz- bzw. langfristigen Preisuntergrenzen (PU) je Leistungskilometer (Auf 2 Nachkommastellen runden)

   Ordnen Sie die Ergebnisse den leeren Kästchen aa) – ccb) in der Übersicht zu.

d) Bei welchem Beschäftigungsgrad (Auslastung der Kapazität) wird bei den Plänen A und B die Gewinnzone erreicht? (Auf 1 Nachkommastelle runden)

   da)　Plan A　———▶　　　　　　　%

   db)　Plan B　———▶　　　　　　　%

3.04   Kostenspaltung

Die NORDTRANS GmbH & Co.KG, 24145 Kiel, plant im kommenden Geschäftsjahr eine Fahrleistung von 1 Mio. km. Unter Berücksichtigung folgender Kosten (siehe Tabelle unten) wird ein durchschnittlich erzielbarer Preis von 2,54 Euro je km vorgegeben.

Kostenarten	Beträge in Tsd. Euro	Aufspaltung der Kosten in ...	
		Fixe Kosten (in %)	Variable Kosten (in %)
Personal	640	25	75
Treibstoff	800	10	90
Ersatzteile/Reparaturen	160	30	70
Reifen	120	15	85
Steuern/Versicherungen	220	80	20
Abschreibungen	180	100	0
Zinsen	100	100	0
Sonstige Kosten	80	20	80

a) Wie hoch sind die Vollkosten in Euro je km?

   (Ergebnis auf 2 Nachkommastellen runden)

b) Wie hoch ist die kurzfristige Preisuntergrenze je km?

   (Auf 3 Stellen hinter dem Komma runden)

c) Bei wie viel km liegt der Break-even-Point?

   (Auf volle km aufrunden)

d) Wie viel km müssen gefahren werden, wenn ein Gewinn von 182.000 Euro erzielt werden soll?

   (Auf volle km aufrunden!)

Bilanzkennzahlen

Teil I

Die Bilanz der TRANSPORT AG, 42283 Wuppertal-Barmen, zeigt am Ende des Geschäftsjahres folgendes verkürztes Bild:

Bilanz der TRANSPORT AG, Wuppertal zum 31.12. .. (verkürzte Form)			
Aktiva	Werte in Tsd. Euro	**Passiva**	Werte in Tsd. Euro
Bebaute Grundstücke	22.000	Gezeichnetes Kapital	11.000
Maschinen	3.500	Kapitalrücklagen	8.000
Fuhrpark	8.400	Gesetzliche Rücklagen	1.000
Betriebs- u. Geschäftsausst.	2.600	Freie Rücklagen	7.000
Vorräte	600	Bilanzgewinn (*)	800
Forderungen a. LL	8.500	Rückstellungen (*)	3.200
Kasse	20	Verb. (Restlaufzeit über 4 J.)	13.200
Bankguthaben	1.500	Verbindlichkeiten a. LL	2.800
		Sonstige kfr. Verbindlichkeiten	120
Summe der Aktiva	47.120	Summe der Passiva	47.120

(*) Wichtige Hinweise zur Bilanz:

- Der Bilanzgewinn wird an die Aktionäre voll ausgeschüttet.
- Die Rückstellungen sind zur Hälfte kurzfristiger Natur.

Ermitteln Sie ... (auf **2 Stellen** hinter dem Komma gerundet):

a) ... die Anlagenintensität (%)

b) ... die Forderungsintensität (%)

c) ... die Eigenkapitalquote (%)

d) ... den Deckungsgrad II der Sachanlagen (%)

e) ... das working capital (Tsd. Euro)

f) ... die einzugsbedingte Liquidität (Liq. 2. Grades) (%)

Fortsetzung auf der nächsten Seite

3.05

Fortsetzung

Teil II

Bei der Auswertung des letzten Jahresabschlusses für die SPEDAIX GmbH wurden vom Controller folgende Kennzahlen ermittelt:

Eigenkapitalquote:	44,5 %
Umlaufintensität:	32,4 %
Liquidität 3. Grades:	120,0 %

Ermitteln Sie ...

a) den Prozentsatz (auf 2 Nachkommastellen gerundet), an dem Sie erkennen können, ob die sog. *Goldene Bilanzregel* eingehalten wurde,

b) den prozentualen Anteil des *working capital* an der Bilanzsumme.

Teil III

Bei der SÜDTRANS AG, einem Konkurrenzunternehmen der SPEDAIX GmbH, liegen aus dem veröffentlichten Jahresabschluss und dem Geschäftsbericht folgende Informationen vor:

> „Aufgrund des Abbaus von Überkapazitäten wurden die Sachanlagen im Berichtsjahr auf nunmehr 4 Mio. € zurückgeführt. Dies führte – im Vergleich zum Vorjahr – zu einer Verbesserung der Sachanlagendeckung. Die aktuellen Werte für das Berichtsjahr lauten:
>
> Grad I: 86 %
> Grad II: 122 %
>
> Die Höhe des langfristigen Fremdkapitals ist dabei nahezu unverändert geblieben.
> …

Ermitteln Sie für die SÜDTRANS AG für das Berichtsjahr die Höhe des langfristigen Fremdkapitals in Mio. €.

Erfolgskennzahlen 3.06

Die Eigenkapitalquote der SPELOTRANS GmbH, 06120 Halle (Saale), lag bei einer Bilanzsumme von 24,00 Mio. Euro für das abgelaufene Geschäftsjahr bei durchschnittlich 33 ⅓ Prozent.

Die Gewinn- und Verlustrechnung des letzten Jahres zeigt folgendes Bild:

Gewinn- und Verlustrechnung der SPELOTRANS GmbH zum 31.12. .. (verkürzte Darstellung)			
Soll	Werte in Tsd. Euro	**Haben**	Werte in Tsd. Euro
Personalaufwand	6.200	Umsatzerlöse	22.880
Verwaltungsaufwand	2.100	Zinserträge	20
Fuhrparkkosten	3.800		
Abschreibungen (a. Anlagen)	2.800		
Zinsaufwendungen	200		
Sonstige Kosten (*)	7.000		
Jahresüberschuss	800		
Summe der Sollseite	22.900	Summe der Habenseite	22.900

(*) In den Sonstigen Kosten sind Aufwendungen enthalten, für die wegen eines schwebenden Gerichtsverfahrens (Prozesskosten) eine Rückstellung in Höhe von 60.000,00 Euro gebildet wurde.

Ermitteln Sie (auf **2 Stellen** hinter dem Komma gerundet):

a) ... die Eigenkapitalrentabilität (%)

b) ... die Gesamtkapitalrentabilität (%)

c) ... die Umsatzrentabilität (%)

d) ... die Cash-flow-Umsatzverdienstrate (%)

3.07 Statistik

Statistik I   Übersicht Güterumschlag im Hamburger Hafen

Jahr	2003	2004	2005	2006	2007	2008	2009	2010
Gesamtumschlag (in Mio. t)	106,3	114,5	125,7	134,9	140,4	140,4	110,4	121,2
Massengutumschlag	39,4	37,8	40,0	42,7	41,7	42,5	36,8	40,3
Flüssigladung	11,6	12,2	13,1	14,2	14,7	15,6	14,4	14,1
Sauggut	6,7	4,3	5,6	6,3	5,2	6,5	7,3	6,6
Greifergut	21,2	21,3	21,2	22,2	21,7	20,3	15,1	19,5
Stückgutumschlag	66,9	76,7	85,8	92,1	98,7	97,9	73,6	80,9
Container (in Mio. t brutto)	64,3	74,0	83,0	89,5	95,8	95,1	71,2	78,4
20' Container (in 1.000 TEU)	6 138	7 003	8 100	8 862	9 890	9 737	7 008	7 896
Containerisierungsgrad (Anteil am Stückgut in Prozent)	96,1	96,5	96,8	97,2	97,1	97,1	96,7	96,8

Quelle: Hafen Hamburg Marketing (www.hafen-hamburg.de)

Welche **3** der folgenden Aussagen sind richtig?

1. Die Übersicht zeigt, dass der Massengutumschlag lediglich über 2 Folgejahre kontinuierlich einen Anstieg zu verzeichnen hatte.

2. Im Jahr 2009 wurden (auf eine Nachkommastelle gerundet) lediglich 2,4 Mio. t Stückgut nicht in Containern umgeschlagen.

3. Im Jahr 2009 gab es (im Vergleich zum Vorjahr) bei allen Güterarten eine negative Entwicklung (Abnahme der Tonnage).

4. Seit 2003 ist der hohe Containerisierungsgrad stetig angestiegen.

5. Fasst man Sauggut und Greifergut zusammen, betrug der Anteil des Greifergutes im Jahr 2009 lediglich ein Drittel der gemeinsamen Umschlagmenge.

6. Im Jahr 2003 lag der Anteil am Güterumschlag bei Flüssigladungen mit 4,7 Mio. t über dem beim Sauggut.

7. Ein Containerschiff, das über 6 000 TEU Ladungsvolumen verfügt, hätte im Jahr 2005 insgesamt 1 350 mal beladen werden können, um alle 20' Container umzuschlagen.

Fortsetzung auf der nächsten Seite

Statistik

Fortsetzung

Statistik II   Tabellarische Darstellung und Auswertung von Bestandsgrößen

In der Transportunternehmung Seidel & Töchter OHG, 44581 Castrop-Rauxel, liegen folgende Daten für das 1. Quartal des Geschäftsjahres vor:

Kraftstoffvorräte

Bestandsveränderungen	Menge in Litern	Preis je Liter in €
Anfangsbestand 31.12.2010	77 000	0,829
Entnahmen im Monat 01-2011	32 000	
Zukäufe im Monat 01-2011	55 000	0,899
Entnahmen im Monat 02-2011	67 450	
Zukäufe im Monat 02-2011	60 000	0,845
Entnahmen im Monat 03-2011	71 610	
Zukäufe im Monat 03-2011	75 000	0,775

Die Fuhrparkflotte legte (bei einem Beschäftigungsgrad von 80 %) im 1. Quartal 2011 insgesamt 504 000 Last- und 15 000 Leerkilometer zurück.

Für die statistische Auswertung der Daten sollen folgende Größen ermittelt werden:

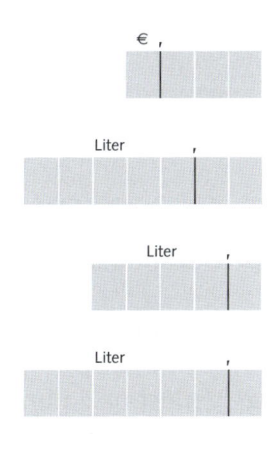

a) Durchschnittlicher Kraftstoffverbrauch der Fahrzeuge in Litern je 100 km
   (Auf 2 Nachkommastellen runden)

b) Durchschnittlicher Literpreis der Kraftstoffzukäufe im 1. Quartal
   (Auf 3 Nachkommastellen runden)

c) Durchschnittlicher Kraftstoffbestand je Monat
   (Auf 2 Nachkommastellen runden)

d) Höhe des Kraftstoffverbrauchs für gefahrene Leerkilometer
   (Auf 1 Nachkommastelle runden)

e) Höhe des Kraftstoffverbrauchs bei Vollbeschäftigung
   (Auf 1 Nachkommastelle runden)

Fortsetzung auf der nächsten Seite

Fortsetzung

Statistik III   Grafische Darstellung der Erlös- und Kostensituation

Die folgende Grafik zeigt die Kosten- und Erlössituation des betrieblichen Fuhrparks eines mittelständischen Transportunternehmens in der Gesamtbetrachtung:

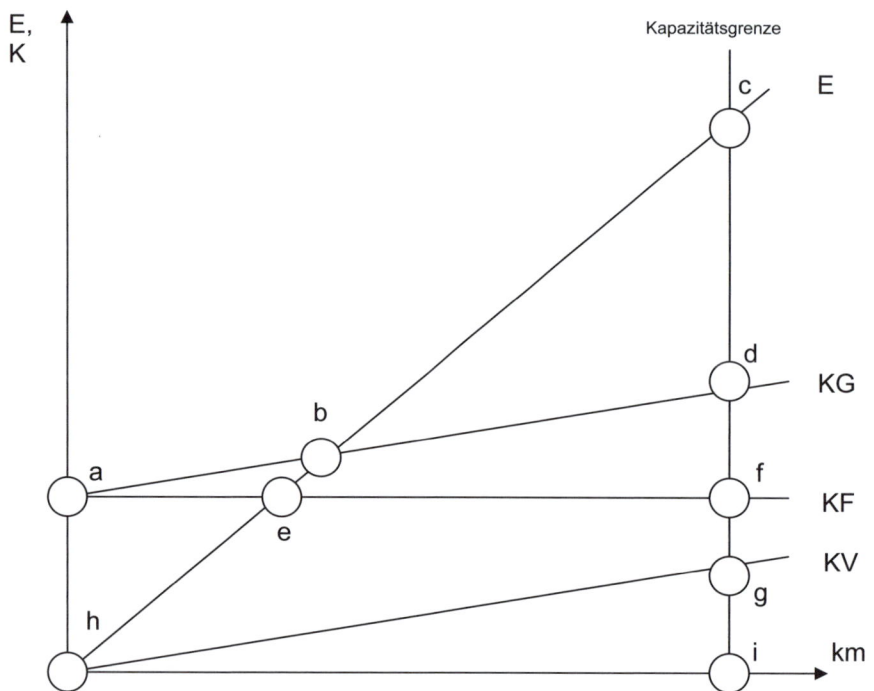

Durch welche **Flächen** werden folgende Größen dargestellt:

a) Gewinnzone (bei Vollkostendeckung)

b) Gewinnzone (bei Teilkostendeckung)

Durch welche **Punkte** werden folgende Größen abgebildet:

c) Break-even-Point

d) Deckungsbeitrag ist gleich Null

Durch welche **Strecken** werden folgende Größen markiert:

e) Gewinnmaximum (bei Vollkostendeckung)

f) Gewinnmaximum (bei Teilkostendeckung)

g) Verlustmaximum

Fortsetzung auf der nächsten Seite

Statistik   3.07

Fortsetzung

Statistik IV   Verkehrsprognose 2025

Langfristige Verkehrsprognosen sind für eine effiziente Infrastrukturplanung sehr bedeutsam. Im Auftrag des Bundesministeriums für Verkehr, Bau und Stadtentwicklung (BMVBS) wurde eine Prognose des Verkehrsaufkommens und der Verkehrsleistung erarbeitet (siehe **Anlage**).

Betrachten Sie die Entwicklung der einzelnen Teilnehmer am Güterverkehr und beantworten Sie folgende Fragen:

a) Welche durchschnittliche Entfernung (Kilometerleistung) wird im Jahr 2025 für den Kombinierten Verkehr (KV) unterstellt? (Ergebnis auf 2 Nachkommastellen runden!)

b) Das Verkehrsaufkommen im Straßengüterfernverkehr soll im Betrachtungszeitraum 2004 – 2025 um 55 %, die Verkehrsleistung jedoch um 84 % ansteigen. Welcher Anstieg bei der durchschnittlichen Kilometerleistung wird hierbei für den Betrachtungszeitraum unterstellt? (Zwischen- und Endergebnisse jeweils auf 2 Nachkommastellen runden!)

Anlage

Entwicklung des Güterverkehrs nach Verkehrsträgern

Verkehrsmittel	Verkehrsaufkommen 2004		Verkehrsaufkommen 2025		Veränderung % 2004 – 2025
	Mio. t	Anteil %	Mio. t	Anteil %	
Schiene	322,0	16,0	430,8	14,5	34
darunter KV	52,4	16,3	113,3	26,3	116
Straßengüterfernverkehr	1 450,4	72,3	2 249,1	76,0	55
Binnenschiff	235,9	11,7	282,8	9,5	20
Zwischensumme ohne Straßengüter-nahverkehr	**2 008,3**	**100,0**	**2 962,7**	**100,0**	**48**
darunter Seehafenhinterlandverkehr	195,1	9,7	451,1	15,2	131
Straßengüternahverkehr	1 615,2	44,6	1 659,2	35,9	3
Straße gesamt	3 065,6	84,6	3 908,3	84,6	27
Summe	**3 623,5**		**4 621,9**		**28**

Verkehrsmittel	Verkehrsleistung 2004		Verkehrsleistung 2025		Veränderung % 2004 – 2025
	Mrd. tkm	Anteil %	Mrd. tkm	Anteil %	
Schiene	91,9	17,6	151,9	16,7	65
darunter KV	24,4	26,6	55,9	36,8	129
Straßengüterfernver-kehr	366,5	70,2	675,9	74,5	84
Binnenschiff	63,7	12,2	80,2	8,8	26
Zwischensumme ohne Straßengüter-nahverkehr	**522,1**	**100,0**	**908,0**	**100,0**	**74**
darunter Seehafenhinterlandverkehr	57,2	11,0	153,1	16,9	168
Straßengüternahverkehr	25,9	4,7	28,8	3,1	11
Straße gesamt	392,4	71,6	704,7	75,2	79
Summe	**548,0**		**936,5**		**71**

Quelle: INTRAPLAN Consult, BVU Beratergruppe Verkehr und Umwelt, 2007

3.08

Situation:

Dem Rechnungswesen der Claus ÖTTINGER e. Kfm., Internationale Spedition,
45470 Mülheim an der Ruhr, sind für das Berichtsjahr 02 folgende Angaben zu entnehmen:

Konto	Bezeichnung	Betrag in Tsd. Euro
20	Außerordentliche Aufwendungen	32
21	Betriebs- und periodenfremde Aufwendungen	118
22	Zinsaufwendungen	51
247	Bilanzmäßige Abschreibungen	966
249	Wagnisse	150
25	Außerordentliche Erträge	1.880
26	Betriebs- und periodenfremde Erträge	150
40	Lohn- und Lohnnebenkosten	1.450
41	Gehalts- und Gehaltsnebenkosten	4.688
42	Fuhrparkkosten	433
44	Verwaltungskosten	212
45	Sonstige Steuern, Versicherungen	145
46	Unternehmenskosten	540
70	Internationale Spedition	1.950
74	Kraftwagenspedition	6.755
75	Bahnspedition	1.050
80	Internationale Spedition	5.200
84	Kraftwagenspedition	11.675
85	Bahnspedition	1.060
	Weitere Angaben:	
	Kalkulatorische Abschreibungen	457
	Kalkulatorische Zinsen	198
	Kalkulatorischer Unternehmerlohn	104
	Kalkulatorische Wagnisse	60
	Kalkulatorische Miete	88

Fortsetzung auf der nächsten Seite

Fallstudie zum Thema: Controlling **3.08**

Fortsetzung

Bilanz der Claus ÖTTINGER e. Kfm., Internationale Spedition, 45470 Mülheim an der Ruhr, zum 31.12. des Berichtsjahres 02			
Aktiva	Werte in Tsd. Euro	**Passiva**	Werte in Tsd. Euro
A. Anlagevermögen		**A. Eigenkapital** (1)	5.342
Sachanlagen		**B. Rückstellungen** (2)	395
1. Bebaute Grundstücke	3.280	**C. Fremdkapital**	
2. Technische Anlagen	560	I. Hypothekendarlehen	2.600
3. Fuhrpark	4.560	II. Darlehen	1.410
4. Betriebs- und Geschäftsausstattung	1.080	III. Verbindlichkeiten gegenüber Kreditinstituten (3)	610
B. Umlaufvermögen		IV. Verbindlichkeiten a. LL	1.410
I. Vorräte an Reifen, Kraft- und Schmierstoffen	160	V. Verbindlichkeiten gegenüber Finanzbehörden	650
II. Darlehensforderungen gegenüber Geschäftsfreunden (4)	220	VI. Verbindlichkeiten gegenüber Sozialversicherungsträgern	785
III. Forderungen a. LL	1.940	VII. Umsatzsteuerzahllast	108
IV. Wertpapiere (5)	965		
V. Kasse, Bankguthaben	545		
Bilanzsumme:	13.310		13.310

Erläuterungen zu einzelnen Bilanzpositionen:

(1) Im Berichtsjahr 02 wurden weder Privatentnahmen noch -einlagen getätigt.

(2) Die Rückstellungen sind zu 70 % langfristiger Natur. Im Berichtsjahr 02 wurden keine neuen Rückstellungen gebildet.

(3) Inanspruchnahme der 90-Tage-Kreditlinie (Kontokorrentkredit).

(4) Restlaufzeit über 4 Jahre.

(5) Täglich fällige Wertpapiere.

Fortsetzung auf der nächsten Seite

3.08   Fallstudie zum Thema: Controlling

Fortsetzung

ÖTTINGER beauftragt Sie als Mitarbeiter/in der Abteilung „Betriebswirtschaft und Controlling" mit folgenden ...

Aufgaben

1. Ermitteln Sie (unter Verwendung der Anlage auf Seite 179) das Ergebnis ...
   - der Unternehmung (Gesamtergebnis),
   - der unternehmensbezogenen Abgrenzungen,
   - der kostenrechnerischen Korrekturen,
   - des Betriebes (Betriebsergebnis).

2. Wie hoch ist der Rohertrag der Abteilung Kraftwagenspedition (in %)?

3. Spediteur ÖTTINGER beantragt bei seiner Hausbank einen Betriebsmittelkredit in Höhe von 1,2 Mio. Euro. Dazu gewährt er der Bank auch Einsicht in seine Abgrenzungsrechnung.

   Die Bank lehnt den Kreditantrag mit folgenden Begründungen ab:

   3.1 Erfolge im Kerngeschäft sind derzeit nicht zu sehen. Zwar beträgt der Rohertrag im Speditionsgeschäft 8,18 Mio. Euro, die Wirtschaftlichkeit des Betriebes (Quotient aus Leistungen und Kosten) liegt dagegen bei 0,99 und ist damit nicht gegeben.

   3.2 In vergangenen Rechnungsperioden müssen die Kosten für Fremdkapital wohl recht hoch gewesen sein.

   3.3 Der kalkulierte Unternehmerlohn ist viel zu hoch.

   3.4 Das Unternehmensergebnis ist zu einem Großteil durch Erträge beeinflusst worden, die zwar unternehmens-, aber nicht betriebsbezogen waren.

   Nehmen Sie zu den Behauptungen 3.1 bis 3.4 Stellung und empfehlen Sie dem Spediteur geeignete Maßnahmen zur Verbesserung seiner Kreditwürdigkeit im Bereich Betriebsmittelkreditvergabe (mindestens 2 Maßnahmen).

Fortsetzung auf der nächsten Seite

Fallstudie zum Thema: Controlling 3.08

Fortsetzung

4. Ermitteln Sie folgende Kennziffern (auf **2 Stellen** hinter dem Komma gerundet):

   4.1 Anlagenintensität

   4.2 Intensität der kurzfristigen Außenstände (Forderungsintensität)

   4.3 Eigenkapitalquote

   4.4 Deckung der Sachanlagen (Deckungsgrade I und II)

   4.5 Bar- und einzugsbedingte Liquidität (Liquiditätsgrade I und II)

   4.6 Eigenkapitalrendite des am Jahresanfang vorhandenen Eigenkapitals

   4.7 Gesamtkapitalrendite (bei einem durchschnittlichen Fremdkapital von 7 Mio. Euro)

   4.8 Cash Flow

   4.9 Cash Flow-Umsatzverdienstrate

5. Nennen Sie Maßnahmen, die Liquidität des Unternehmens zu verbessern (mindestens 2 Maßnahmen).

6. Beurteilen Sie die ermittelte Eigenkapitalrendite vor dem Hintergrund des aktuellen Zinsniveaus für langfristige Kapitalanlagen.

7. Bei welchem Kilometer fährt ein Lastzug der Spedition in die Gewinnzone, wenn von 84.800,00 Euro fixen Einsatzkosten, einem kalk. Km-Satz von 0,96 Euro und einem Gewinnaufschlag von 5 % auf die Selbstkosten ausgegangen wird? Die Jahresfahrleistung des Lastzuges liegt bei 120 000 km.

Fortsetzung auf der nächsten Seite

Anlage zu 3.08

Ergebnistabelle (Werte in Tsd. Euro)								
Geschäftsbuchführung (RK I)			Abgrenzungsbereich				KLR (RK II)	
Unternehmensergebnis			Unternehmensbezogene Abgrenzungen		Kostenrechnerische Korrekturen		Betriebsergebnis	
Konto	Aufwand	Ertrag	Aufwand	Ertrag	Aufwand lt. RK I	Verrechnete Kosten	Kosten	Leistungen
20								
21								
22								
247								
249								
25								
26								
40								
41								
42								
44								
45								
46								
70								
74								
75								
80								
84								
85								
Kalk. Miete								
Kalk. U-Lohn								
Summen								
Salden								
Summen								

Aus dem bewegten Leben eines Nutzfahrzeugs
3.09
(Von der Anschaffung bis zum Ersatzzeitpunkt – Eine Fallbetrachtung)

Vor der Anschaf- fung	1	**Wir erweitern unseren Fuhrpark** Vor der Anschaffung	
	1.1	**Bei welchem Händler wollen wir das Fahrzeug kaufen?** Angebotsvergleich	
	1.2	**Gibt es andere Möglichkeiten den LKW zu finanzieren?** Finanzierungsalternativen	
Kauf	2	**Wir kaufen und bekommen eine Rechnung** Anschaffung und Buchung der Eingangsrechnung	
Finan- zierung	3	**Wir wollen beim Bezahlen sparen** Ausgleich der Eingangsrechnung unter Skontoabzug	
	4	**Wir machen Schulden, um früh zahlen zu können. Lohnt sich das?** Finanzierung des vorzeitigen Rechnungsausgleichs durch Inanspruch- nahme eines Kontokorrentkredites	
Nutzung, Kosten und Erlöse	5	**Was kostet uns der Unterhalt des LKW?** Laufende Kosten	
	6	**Wie gehen wir mit Wertminderungen um?** Bilanzmäßige Abschreibung	
	7	**Wie ist das mit den Kosten und den Preisen?** Angebotskalkulation von Transportleistungen im Selbsteintritt	
	7.1	**Wir kalkulieren** Fahrzeugkostenkalkulation	
	7.2	**Was kostet der Kilometer, was ein Einsatztag?** Berechnung der Selbstkosten anhand des Kilometer- und Tagessatzes	
	7.3	**Was kosten 100 kg?** Berechnung der Selbstkosten anhand von Frachtsätzen je 100 kg	
	7.4	**Wir erstellen eine Preistabelle** Erstellen einer Preisliste – Kundensätze – auf der Basis von 100 kg-Sätzen	
	7.5	**Wie viel Spielraum bleibt uns beim Preis?** Preisuntergrenzen und Deckungsbeitrag	
	8	**Ab welchem Kilometer schreiben wir Gewinne?** Gewinnschwelle (Break-even-Point)	
Verkauf	9	**Wir verkaufen den LKW** Inzahlungnahme des Nutzfahrzeugs am Ende der Nutzungsdauer	

Fortsetzung auf der nächsten Seite

3.09   Aus dem bewegten Leben eines Nutzfahrzeugs
(Von der Anschaffung bis zum Ersatzzeitpunkt – Eine Fallbetrachtung)

Fortsetzung

1. Vor der Anschaffung

Die SPEDAIX GmbH beabsichtigt die Anschaffung eines weiteren Nutzfahrzeuges, um die Nahverkehrsleistungen im Selbsteintritt auszubauen. Das Fahrzeug soll vom Händler beim Hersteller abgeholt und zugelassen werden. Da das Fahrzeug optional im Fernverkehr eingesetzt werden kann, soll eine Fahrerkabine eingebaut und außerdem das Firmenlogo der SPEDAIX GmbH auflackiert werden.

1.1   Angebotsvergleich

Der Geschäftsführer, Herr Aixner, holt zu diesem Zweck Ende Februar 2010 drei Angebote von ortsnahen Firmen ein, die den gewünschten LKW-Typ NVF (EEV) (Nahverkehrsfahrzeug mit Kofferaufbau, Abgasnorm EEV = Enhanced Environmentally friendly Vehicle) beschaffen können.

Ermitteln Sie das Angebot mit den günstigsten Anschaffungskosten.

Angebote im Vergleich

Anbieter ⟶ Angebotsinhalte ↓	Autohaus Wagner & Co. KG Aachen	NUFA GmbH Neu- und Gebraucht-fahrzeuge Stolberg	J. Schwartz e. K. Nutzfahrzeuge Eschweiler
LKW Typ NVF (EEV) Händler-Listenpreis (HLP) netto	68.000,00 €	62.400,00 €	64.000,00 €
Preisnachlässe	15 % Rabatt vom HLP	10 % Rabatt vom HLP	10 % Rabatt vom HLP
Überführung (vom Hersteller zum Händler)	400,00 € (Zulassung extra)	600,00 € (Zulassung extra)	680,00 € (incl. Zulassung)
Sonderleistungen (Einbau einer Fahrerkabine, Lackierung Firmenlogo)	Festpreis 4.000,00 €	Festpreis 4.880,00 €	3.868,00 € Kabine, 245,00 € für die Lackierung
Skonto/Skontofrist/ Zahlungsziel:	2,5 % vom Rechnungsbetrag/ 10 Tage/ 30 Tage	2 % vom Rechnungsbetrag/ 10 Tage/ 30 Tage	3 % vom Rechnungsbetrag/ 10 Tage/ 30 Tage
Sonstige Informationen über den Anbieter:	Unbekannter Anbieter	Gute Werkstatt, Lieferservice zufriedenstellend	Langjähriger Geschäftspartner, zuverlässig und kulant, Werkstatt fast immer ausgebucht

Fortsetzung auf der nächsten Seite

Aus dem bewegten Leben eines Nutzfahrzeugs
(Von der Anschaffung bis zum Ersatzzeitpunkt – Eine Fallbetrachtung)

3.09

Fortsetzung

1.2 Finanzierungsalternativen (ungebundene Aufgabe)

Im Fall der SPEDAIX GmbH wird zwar davon ausgegangen, dass es sich bei der Finanzierung des LKW-Kaufs lediglich um einen kurzfristigen Liquiditätsengpass handelt, der mit dem Kontokorrentkredit abgedeckt werden kann (ein kurzzeitiger Ausgleich dieses Kredites wird dabei unterstellt), alternativ aber kann der LKW als langfristiges Investitionsgut auch über einen mehrere Jahre laufenden Bankkredit oder durch Leasing finanziert werden.

Folgende Angebote stehen zum Vergleich:

Angebot von der Hausbank der SPEDAIX GmbH

Kreditsumme:	70.000,00 €
Kreditzins:	6,0 %
Tilgung:	jährlich
Laufzeit:	4 Jahre

Die Zins- und Tilgungszahlungen erfolgen jeweils zum Jahresende!

Angebot der Fahrzeug-Leasing GmbH & Co. KG

Grundmietzeit:	5 Jahre
Leasingrate:	1,6 % monatlich

Nach Ablauf der Grundmietzeit (Verlängerung um weitere 3 Jahre)
Jahresmiete:	9,25 %

Geht man der Einfachheit halber von 70.000,00 € Anschaffungskosten und einer linearen Abschreibung über 8 Jahre aus, kann die unterschiedliche Aufwands- und Liquiditätsbelastung bei beiden Finanzierungsformen mittels folgender Tabelle dargestellt werden.

Ergänzen Sie diese Tabelle. Tragen Sie die fehlenden Werte in die grau unterlegten Felder der Tabelle ein!

Fortsetzung auf der nächsten Seite

3.09

Aus dem bewegten Leben eines Nutzfahrzeugs
(Von der Anschaffung bis zum Ersatzzeitpunkt – Eine Fallbetrachtung)

Fortsetzung

Vergleich zwischen Kreditfinanzierung und Leasing am Beispiel eines LKW (Anschaffungskosten 70.000,00 €, 8 Jahre lineare Abschreibung)

Werte in €

Kreditfinanzierung						Leasing
Jahr	Zinsen	Tilgung	Ausgabe (Liquiditäts-abfluss)	Abschreibung	Gesamt-aufwand (Zinsen und Abschreibung	Ausgabe = Aufwand
1	4.200	17.500	21.700	8.750	12.950	13.440
2						
3						
4						
5						
6						
7						
8						
Summe						

2. Anschaffung und Buchen der Eingangsrechnung

Herr Aixner entscheidet sich (unabhängig vom Ausgang des Angebotsvergleichs) für den Kauf des LKW beim Händler J. Schwartz aus Eschweiler. Im Kaufvertrag vom 01.03.2010 vereinbart man die gewünschten Zusatzleistungen und die Lieferung des Fahrzeuges für Mitte März. Der Kraftstofftank soll mit 180 l Kraftstoff befüllt werden. Am 12.03.2010 wird der LKW der SPEDAIX GmbH mit der Rechnung **(siehe Anlage 1 auf der nächsten Seite)** übergeben.

Prüfen Sie die sachliche und rechnerische Richtigkeit der Rechnung.

2.1 Ermitteln Sie die Höhe der Anschaffungskosten für dieses Fahrzeug.

2.2 Buchen Sie die Eingangsrechnung. (ungebundene Aufgabe) Bedienen Sie sich der im Kontenplan der SPEDAIX GmbH aufgeführten Konten **(siehe Anlage 2 auf der übernächsten Seite)**.

Konto-Nr.	€-Betrag im Soll	€-Betrag im Haben

Fortsetzung auf der nächsten Seite

Aus dem bewegten Leben eines Nutzfahrzeugs
(Von der Anschaffung bis zum Ersatzzeitpunkt – Eine Fallbetrachtung)

3.09

Fortsetzung

Anlage 1

J. Schwartz e.K.
Nutzfahrzeuge
Quellstraße 80
D-52249 Eschweiler
Telefon: +49 (0) 2403 3435780
USt-Id-Nr.: DE 132466231
Steuer-Nr.: 225/5797/1126

SPEDAIX GmbH
Herrn Aixner
Debyestraße 200
52078 Aachen

Eschweiler, 12. März 2010

Rechnung Nr.: 222/0227

Sehr geehrte Herr Aixner,

heute liefere ich Ihnen das bestellte Nutzfahrzeug. Für Ihren Auftrag bedanke ich mich und berechne für meine Leistungen:

Datum	Einheit	Leistung	Einzelpreis (Euro)	Gesamtpreis (Euro)
01.03.2010	1	LKW, Bauart NVF (EEV) lt. V-Liste	64.000,00	64.000,00
	10 %	Rabatt	6.400,00	(-) 6.400,00
10.03.2010	1	Überführung/Zulassung	680,00	680,00
10.03.2010	1	Einbau Fahrerkabine	3.868,00	3.868,00
11.03.2010	1	Lackierung Firmenlogo	245,00	245,00
	180 l	Tankfüllung Kraftstoff	1,00	180,00
		Rechnungsbetrag (netto)		**62.573,00**
		19 % Umsatzsteuer		**11.888,87**
		Rechnungsbetrag (brutto)		**74.461,87**

Die Rechnung ist zahlbar innerhalb von 10 Tagen mit 3 % Skonto oder innerhalb von 30 Tagen netto Kasse.

Bitte überweisen Sie den Rechnungsbetrag auf das Konto Nr. 5774764 bei der Sparkasse Aachen (BLZ: 390 500 00).

Mit freundlichen Grüßen

Josef Schwartz

Fortsetzung auf der nächsten Seite

3.09   Aus dem bewegten Leben eines Nutzfahrzeugs
(Von der Anschaffung bis zum Ersatzzeitpunkt – Eine Fallbetrachtung)

Fortsetzung

Anlage 2

Kontenplan der SPEDAIX GmbH (Auszug):

Konto Nr.	Konto (Bezeichnung)
0220	Fuhrpark
1000	Kasse
1020	Bank
1457	Vorsteuer
1600	Verbindlichkeiten aus Lieferungen und Leistungen
1669	Umsatzsteuer
2400	Abgänge aus Anlageverkäufen
2470	Bilanzmäßige Abschreibungen
2880	Erträge aus Anlageverkäufen
3000	Treib- und Schmierstoffe
3010	Reifen
3020	Ersatzteile und Werkstattmaterialien
4200	Treibstoff- und Schmierstoffverbrauch
4210	Reifenverbrauch
4220	Ersatz- und Reparaturmaterialverbrauch
4230	Reparaturen fremder Werkstätten
4240	Kfz-Versicherung
4250	Kfz-Steuern
4280	Treibstoffverbrauch fremde Tankstellen

Fortsetzung auf der nächsten Seite

Aus dem bewegten Leben eines Nutzfahrzeugs

3.09

(Von der Anschaffung bis zum Ersatzzeitpunkt – Eine Fallbetrachtung)

Fortsetzung

3. Ausgleich der Eingangsrechnung unter Skontoabzug

Die SPEDAIX GmbH möchte die Rechnung des Autohändlers vorzeitig ausgleichen, um Skonto auszunutzen. Mit der Skontierung der Rechnung verzichtet die SPEDAIX GmbH auf die Inanspruchnahme des Lieferantenkredits. Wie teuer dieser Kredit ist, macht sich Herr Aixner dadurch klar, indem er den Skontosatz auf ein Jahr hochrechnet.

3.1 Wie hoch ist der Jahresskontosatz?

3.2 Berechnen Sie den Skontoertrag a) und den Überweisungsbetrag b) für den Fall, dass die Rechnung am Ende der Skontofrist durch Banküberweisung ausgeglichen wird.

3.3 Buchen Sie den vorzeitigen Ausgleich der Rechnung (Nettomethode)! (ungebundene Aufgabe)

Konto-Nr.	€-Betrag im Soll	€-Betrag im Haben

4. Finanzierung des vorzeitigen Rechnungsausgleichs durch Inanspruchnahme eines Kontokorrentkredites

Um den teuren Lieferantenkredit nicht in Anspruch nehmen zu müssen, sieht sich die SPEDAIX GmbH gezwungen, die bei ihrer Hausbank eingeräumte Kreditlinie des Geschäftskontos (Kontokorrentkredit) auszuschöpfen. Die Bank berechnet dafür 8 % Zinsen.

4.1 Berechnen Sie die Kreditkosten für die Beanspruchung des Kontokorrentkredites.

4.2 Über wie viel Euro lautet der Finanzierungserfolg, der sich aus der Skontierung trotz Kreditfinanzierung ergibt?

4.3 Welchem Effektivzinssatz entspricht dieser Finanzierungserfolg?

4.4 Welcher Effektivzinssatz ergäbe sich, wenn der LKW-Kauf ausschließlich mit eigenen liquiden Mitteln finanziert worden wäre?

4.5 Bei welcher Laufzeit (Inanspruchnahme) des Kontokorrentkredites wäre der Finanzierungserfolg gleich Null?

Fortsetzung auf der nächsten Seite

3.09   Aus dem bewegten Leben eines Nutzfahrzeugs
(Von der Anschaffung bis zum Ersatzzeitpunkt – Eine Fallbetrachtung)

Fortsetzung

5. Laufende Kosten (ungebundene Aufgabe)

Während der betrieblichen Nutzungsdauer des LKW wiederholen sich zahlreiche Geschäftsfälle. Folgende Fälle stehen repräsentativ dafür:

Fall 1:

Der LKW-Fahrer betankt das Fahrzeug an der Betriebstankstelle mit 150 Litern Kraftstoff im Wert von 120,00 €.

Fall 2:

Dem Fahrzeug werden Reifen aufgezogen, die dem Vorratslager der SPEDAIX GmbH entnommen werden, Wert 1.320,00 €.

Fall 3:

Der LKW-Fahrer tankt an der Autobahn auf einem Autohof 220 Liter Kraftstoff und erhält eine Quittung über 217,58 €.

Fall 4:

In der Verwaltung der SPEDAIX GmbH werden die Lastschriftanzeigen für Kfz-Versicherungsprämien 4.240,00 € sowie Kfz-Steuer 489,60 € gebucht.

Fall 5:

In der betriebseigenen Werkstatt der SPEDAIX GmbH werden anlässlich einer Reparatur Ersatzteile im Wert von 922,40 € eingearbeitet, die dem Lagerbestand entnommen wurden.

Buchen Sie die Fälle 1 bis 5. Bedienen Sie sich der im Kontenplan der SPEDAIX GmbH aufgeführten Konten (siehe Anlage 2 auf Seite 193).

Fortsetzung auf der nächsten Seite

Aus dem bewegten Leben eines Nutzfahrzeugs
(Von der Anschaffung bis zum Ersatzzeitpunkt – Eine Fallbetrachtung)

3.09

Fortsetzung

Buchung Fall 1:

Konto-Nr.	€-Betrag im Soll	€-Betrag im Haben

Buchung Fall 2:

Konto-Nr.	€-Betrag im Soll	€-Betrag im Haben

Buchung Fall 3:

Konto-Nr.	€-Betrag im Soll	€-Betrag im Haben

Buchung Fall 4:

Konto-Nr.	€-Betrag im Soll	€-Betrag im Haben

Buchung Fall 5:

Konto-Nr.	€-Betrag im Soll	€-Betrag im Haben

Fortsetzung auf der nächsten Seite

Controlling

3.09   Aus dem bewegten Leben eines Nutzfahrzeugs
(Von der Anschaffung bis zum Ersatzzeitpunkt – Eine Fallbetrachtung)

Fortsetzung

6. Bilanzmäßige Abschreibung (ungebundene Aufgabe)

Am Ende des ersten Nutzungsjahres, also am 31.12.2010, soll die erste Abschreibung auf das Nutzfahrzeug vorgenommen werden. Die SPEDAIX GmbH will dabei die steuerlich erlaubte Höchstabschreibung[1] vornehmen, um den Jahresgewinn möglichst gering zu halten. Nach der AfA-Tabelle ist eine Nutzungsdauer von neun Jahren anzusetzen.

6.1   Erstellen Sie einen Abschreibungsplan nach folgendem **Muster,** und ermitteln Sie, in welchem Jahr sich ein Wechsel der Abschreibungsmethode empfiehlt:

Jahr	Lineare Abschreibung jeweils 1/9 von den Anschaffungskosten	Degressive Abschreibung jeweils 25 % vom Buchwert	Übergang von der degressiven zur linearen Abschreibung
Anschaffungskosten 03.2010 (Kauf) zeitanteilige Abschreibung im Anschaffungsjahr zum 31.12.2010	60.521,21 € …	60.521,21 € …	degressive AfA ist höher als lineare AfA
Buchwert zum 01.01.2011 Jahresabschreibung zum 31.12.2011	…	…	…
Buchwert zum 01.01.12 Jahresabschreibung			
Buchwert zum 01.01.13 Jahresabschreibung			
Buchwert zum 01.01.14 Jahresabschreibung			
Buchwert zum 01.01.15 Jahresabschreibung			
Buchwert zum 01.01.16 Jahresabschreibung			
Buchwert zum 01.01.17 Jahresabschreibung			
Buchwert zum 01.01.18 Jahresabschreibung			
Buchwert zum 01.01.19 zeitanteilige AfA im letzten Nutzungsjahr			

[1] Für die ab 01.01.2009 bis 31.12.2010 angeschafften beweglichen Wirtschaftsgüter dürfen das 2,5-fache des linearen Abschreibungssatzes, höchstens aber 25 % abgeschrieben werden. Da der lineare AfA-Satz bei 9-jähriger Nutzungsdauer bei 11,11 % (100 % : 9) liegt, das 2,5-fache davon 27,775 % ergibt, darf nur der Maximalsatz von 25 % zum Ansatz kommen.

Fortsetzung auf der nächsten Seite

Aus dem bewegten Leben eines Nutzfahrzeugs
(Von der Anschaffung bis zum Ersatzzeitpunkt – Eine Fallbetrachtung)

Fortsetzung

6.2 Buchen Sie die Abschreibung zum 31.12.2010. (ungebundene Aufgabe)

Konto-Nr.	€-Betrag im Soll	€-Betrag im Haben

7. Angebotskalkulation von Transportleistungen im Selbsteintritt

In der SPEDAIX GmbH werden für den LKW NVF (EEV) folgende Daten dargestellt:

Technische Daten/Einsatzdaten

Zeile	Daten	Werte	Einheit/Bezugsgröße
01	Gesamtgewicht (zGM)	14 990	kg
02	Nutzlast	7 000	kg
03	Motorleistung	240	kw
04	Hubraum	4 990	ccm
05	Anzahl der Achsen	3	Stück
06	Anzahl der Reifen	6	Stück
07	Gesamtlaufleistung	800 000	km
08	Jahreslaufleistung	80 000	km
09	Reifenlaufleistung	100 000	km
10	Einsatztage pro Jahr (pro Tag 8 Std. Einsatz)	240	Tage
11	Kraftstoffverbrauch	14	l/100 km

Kapitalwerte/wirtschaftliche Basisdaten

Zeile	Daten	Werte	Einheit/Bezugsgröße
12	Kaufpreis netto (Anschaffungskosten)	60.521,21	€
13	Preis der Reifen (im Kaufpreis enthalten)	1.920,00	€
14	Wiederbeschaffungswert (ohne Reifen) netto	86.000,00	€
15	Restverkaufserlös (am Ende der ND) netto	5.000,00	€
16	Kraftstoffpreis netto	0,955	€/Liter
17	Umlaufvermögen	500,00	€/t (zGM)
18	Betriebsnotwendiges Vermögen	37.755,61	€
19	Kalkulatorischer Zinssatz	6,5	%/Jahr
20	Schmierstoffverbrauch	3,0	% vom Kraftstoff
21	Kfz-Haftpflichtversicherung	2.900,00	€/Jahr
22	Kfz-Kaskoversicherung (nur 1. u. 2. Jahr)	1.340,00	€/Jahr
23	Kfz-Steuer für EEV	489,60	€/Jahr
24	Verwaltungskosten	14,0	%
25	Reparaturen/Wartung	290,00	€/Monat
26	Garage	300,00	€/Quartal

Fortsetzung auf der nächsten Seite

3.09 Aus dem bewegten Leben eines Nutzfahrzeugs
(Von der Anschaffung bis zum Ersatzzeitpunkt – Eine Fallbetrachtung)

Fortsetzung

Daten zum Fahrpersonal

Zeile	Daten	Werte	Einheit/Bezugsgröße
27	Fahrerlohn	22.400,00	€/Jahr
28	Gesetzlicher Sozialaufwand	4.870,00	€/Jahr
29	Freiwillige Sozialleistungen	1.600,00	€/Jahr
30	Spesen	1.800,00	€/Jahr
31	Personalfaktor	1,2	

7.1 Fahrzeugkostenkalkulation (ungebundene Aufgabe)

Aus den vorliegenden Daten ist eine Fahrzeugkostenkalkulation zu entwickeln, bei der folgende Werte aufzubereiten sind (auf 2 Nachkommastellen runden):

Hinweise:

- Bei der kalk. Abschreibung soll die Wertminderung durch Abnutzung mit einem Anteil von 50 % berücksichtigt werden.
- Mautkosten bleiben unberücksichtigt bzw. werden als durchlaufender Posten behandelt.

Kostenrechnung:

Zeile Sp. 1	Variable Fahrzeugkosten Sp. 2	€ pro Jahr Sp. 3	ct. pro km Sp. 4	€ pro Tag Sp. 5
32	Abschreibung (Abnutzung)			
33	Reifenkosten			
34	Kraftstoffkosten			
35	Schmierstoffkosten			
36	Reparatur- und Wartungskosten			
37	km-abhängige Kosten			

Sp. = Spalte

Zeile	Fixe Fahrzeugkosten	€ pro Jahr	ct. pro km	€ pro Tag
38	Abschreibung (zeitabhängig)			
39	Kapitalverzinsung			
40	Kraftfahrzeugsteuer			
41	Haftpflichtversicherung			
42	Kaskoversicherung			
43	Garage			
44	Fixe Fahrzeugkosten			

Fortsetzung auf der nächsten Seite

Aus dem bewegten Leben eines Nutzfahrzeugs

3.09

(Von der Anschaffung bis zum Ersatzzeitpunkt – Eine Fallbetrachtung)

Fortsetzung

Zeile	Fahrpersonalkosten	€ pro Jahr	ct. pro km	€ pro Tag
45	Fahrerlohn			
46	Gesetzlicher Sozialaufwand			
47	Freiwillige Sozialleistungen			
48	Personalfaktor			
49	Spesen			
50	Fahrpersonalkosten			

51	Fahrzeugeinsatzkosten			
52	Verwaltungskosten			
53	Zeitabhängige (fixe) Kosten			
54	Fahrzeugkosten (insgesamt)			

Auswertung der Kostenrechnung

Zeile Sp. 1	Sp. 2	€/Jahr Sp. 3	€/km Sp. 4	€/Tag Sp. 5	in Prozent Sp. 6
55	Km-abhängige Kosten				
56	Fixe Fahrzeugkosten				
57	Fahrpersonalkosten				
58	Fahrzeugeinsatzkosten				
59	Gemeinkosten (Verwaltungskosten)				
60	Zeitabhängige (fixe) Kosten				
61	Fahrzeugkosten (insgesamt)				

Sp. = Spalte

Fortsetzung auf der nächsten Seite

3.09 Aus dem bewegten Leben eines Nutzfahrzeugs
(Von der Anschaffung bis zum Ersatzzeitpunkt – Eine Fallbetrachtung)

Fortsetzung

7.2 Berechnung der Selbstkosten anhand des Kilometer- und Tagessatzes

Ermitteln Sie mit Hilfe der Auswertungstabelle die Selbstkosten für folgende Nahverkehrstransporte (Rundlauf) am 21.Mai d. J.:

Beladeort 1	Entladeort 1	Beladeort 2	Entladeort 2	Rundlauf- entfernung in km	Zeitfenster in Std.
Aachen	Maastricht	Lüttich	Aachen	144,0	4,5

7.3 Berechnung der Selbstkosten anhand von Frachtsätzen je 100 kg (ungebundene Aufgabe)

Folgende Zusatzinformationen (Tourenplan) sollen berücksichtigt werden:

Datum: 21.05. d. J. Uhrzeit	Aktion	Strecke in km
08:00 – 08:30	*Auftrag 1* Beladen von 2,8 t Töpferware in Aachen-Brand für Garten-Center in Maastricht (NL)	
08:30 – 09:30	Fahrt von Aachen nach Maastricht (NL)	51
09:30 – 10:00	Entladen in Maastricht (NL)	
10:00 – 10.30	Leerfahrt von Maastricht (NL) nach Lüttich (B)	34
10:30 – 11:00	*Auftrag 2* Beladen von 1,7 t Gemüsekonserven in Lüttich für Supermarkt in Aachen	
11:00 – 12:00	Fahrt von Lüttich (B) nach Aachen	59
12:00 – 12:30	Entladen in Aachen	
4,5 Stunden	Wegen diverser Baustellen und dem verzögerten Verkehrsfluss in den Stadt- und Gewerbegebieten wird von einer Durchschnittsgeschwindigkeit ausgegangen, die zwischen 50 km/h und 60 km/h liegt.	144

Berechnen Sie für beide Aufträge jeweils …

a) die anteiligen Selbstkosten (Gesamte Fahrzeugkosten),

b) den Frachtsatz (Selbstkostentarif) je 100 kg Beförderungsgewicht (Tabellenwerte in € auf **3 Nachkommastellen** runden!)

Ergänzen Sie die fehlenden Berechnungen bzw. Werte in den grau unterlegten Feldern!

Fortsetzung auf der nächsten Seite

Aus dem bewegten Leben eines Nutzfahrzeugs

3.09

(Von der Anschaffung bis zum Ersatzzeitpunkt – Eine Fallbetrachtung)

Fortsetzung

Auftrag 1 (Aachen – Maastricht, 2,8 t, 51 km, 2 Std.)

Selbstkostentarife	Frachtsätze je 100 kg bei **51** km Entfernung	
Zeitabhängige Kosten bei 2-stündiger Einsatzzeit: ...	**2 800** kg ...	7 000 kg (Vollauslastung) 0,853 €
Variable Fahrzeugkosten bei 51 km: ...	...	0,182 €
Gesamte Fahrzeugkosten bei Auftrag 1: 72,448 € a)	... b)	1,035 €

Auftrag 2 (Lüttich – Aachen, 1,7 t, 59 km, 2 Std.)

Selbstkostentarife	Frachtsätze je 100 kg bei **59** km Entfernung	
Zeitabhängige Kosten bei 2-stündiger Einsatzzeit: ...	1 700 kg ...	7 000 kg (Vollauslastung) 0,853 €
Variable Fahrzeugkosten bei 59 km: ...	...	0,211 €
Gesamte Fahrzeugkosten bei Auftrag 2: ... a)	... b)	1,064 €

Leerfahrt (Maastricht – Lüttich, 34 km, ½ Stunde)

Zeitabhängige Kosten bei ½ stündiger Fahrt:	$\dfrac{238,79\ € \cdot 0,5\ \text{Std.}}{8\ \text{Std.}}$ = 14,924 €	
+ Variable Fahrzeugkosten bei 34 km:	34 km à 0,25 € =	8,500 €
= Gesamte Fahrzeugkosten der Leerfahrt:		23,424 €

Fortsetzung auf der nächsten Seite

3.09   Aus dem bewegten Leben eines Nutzfahrzeugs
(Von der Anschaffung bis zum Ersatzzeitpunkt – Eine Fallbetrachtung)

Fortsetzung

7.4 Erstellen einer Preistabelle (Kundensätze) auf der Basis von 100 kg-Sätzen (ungebundene Aufgabe)

Frau Schlösser aus der Buchhaltung soll für bestimmte Kunden (B-Kunden), deren Sendungs-aufkommen im Nahbereich zwischen 3,0 t und 7,0 t liegt, eine Preisliste (Preisliste B) nach folgendem Muster erstellen:

Preisliste B	Frachtsätze je 100 kg bei einer Beförderungsmenge bis zu …				
Entfernungen in km bis …	3 000 kg	4 000 kg	5 000 kg	6 000 kg	7 000 kg
50	▓▓				▓▓
100					
150					
200			▓▓		
250					
300					
350	▓▓				▓▓

Folgende Kalkulationsvorgaben sind zu beachten:

- Der Tagessatz ist wie folgt zu staffeln:

  Entfernungen bis 100 km: $\frac{3}{8}$ Tagessatz
              bis 150 km $\frac{1}{2}$ Tagessatz
              bis 200 km $\frac{5}{8}$ Tagessatz
              bis 250 km $\frac{6}{8}$ Tagessatz
              bis 300 km $\frac{7}{8}$ Tagessatz
              bis 350 km voller Tagessatz

- Die Tabelle enthält die Sätze, die sich aus den jeweiligen Gesamten Fahrzeugkosten und einem Gewinnzuschlag von 5 % zusammensetzen.

- Zwischenergebnisse sind auf 3, Endergebnisse auf 2 Nachkommastellen zu runden!

Berechnen Sie die Werte für die grau unterlegten Felder!

Fortsetzung auf der nächsten Seite

Aus dem bewegten Leben eines Nutzfahrzeugs

3.09

(Von der Anschaffung bis zum Ersatzzeitpunkt – Eine Fallbetrachtung)

Fortsetzung

7.5 Preisuntergrenzen und Deckungsbeitrag

Ein ortsansässiger Baumarkt (A-Kunde) fragt bei der SPEDAIX GmbH eine Transportleistung an:

3,2 t Gartengeräte (palettiert)
Transportstrecke 154 km
Einsatzzeit: 4,0 Std. (einschl. Be- und Entladen)

Bestimmen Sie für diesen Auftrag

a) die kurzfristige Preisuntergrenze,

b) die langfristige Preisuntergrenze!

c) den Angebotspreis (netto) bei einem Gewinnzuschlagsatz von 5 %,

d) den Deckungsbeitrag bei einem Angebotspreis (netto) von 98,00 €,

e) den Angebotspreis nach **Preisliste B.**

8. Gewinnschwelle (Break-even-Point)

In der SPEDAIX GmbH diskutiert man über feste Kilometerpreise, die man mit bestimmten Kunden abrechnen möchte.

a) Herr Aixner möchte in diesem Zusammenhang wissen, zu welchem Nettopreis er die LKW-Transportleistung eines Kilometers anbieten muss, um noch vor Erreichen der Kapazitätsgrenze (80 000 km pro Jahr) in die Gewinnzone zu gelangen.

b) Außerdem möchte Herr Aixner wissen, wie viele Kilometer der LKW zurücklegen muss, um bei einem Kilometerpreis von 2,00 € (netto) die Gewinnzone zu erreichen.

c) Aktuell liegt das anvisierte Gewinnziel für den LKW bei jährlich 10.000,00 €. Zu welchem Nettopreis je km muss die Transportleistung angeboten werden, um dieses Ziel bei einer Kapazitätsauslastung von 70 % zu erreichen?

Fortsetzung auf der nächsten Seite

3.09

Aus dem bewegten Leben eines Nutzfahrzeugs
(Von der Anschaffung bis zum Ersatzzeitpunkt – Eine Fallbetrachtung)

Fortsetzung

9. Verkauf des Nutzfahrzeugs am Ende der Nutzungsdauer (ungebundene Aufgabe)

Am Ende der geplanten Nutzungsdauer (10 Jahre) wird der LKW als Altfahrzeug aller Voraussicht nach dem Autohändler J. Schwartz für die Anschaffung eines Ersatzfahrzeugs in Zahlung gegeben.

a) Nehmen Sie unter Berücksichtigung der kalkulatorischen Basisdaten und dem Abschreibungsverlauf in der Geschäftsbuchführung diese Inzahlungnahme des Händlers vor, nachdem der Zielkauf des Neufahrzeuges bereits gebucht wurde. Unterstellt wird folgendes Szenario:

Tag der Inzahlungnahme: 25.02.2020
Mehrwertsteuersatz: 19 %

Konto-Nr.	€-Betrag im Soll	€-Betrag im Haben

b) Wie lautet die entsprechende Buchung für den Vermögensabgang des Altfahrzeugs?

Konto-Nr.	€-Betrag im Soll	€-Betrag im Haben

Bildnachweis

Fotos/Karten	Seite
ADAC e.V.	91
BDB Duisburg	131
Fachstelle für Geoinformationen Süd	122
© Gesamtverband der Deutschen Versicherungswirtschaft e.V. (GDV)	137
GRAPHI-OGRE	36, 97, 132
Hafen Hamburg Marketing e. V.	87
Kombiverkehr Deutsche Gesellschaft für kombinierten Güterverkehr mbH & Co KG	106
MEV	80
Schenker AG	116, 120
Wilhelm Köhler Verlag	95

Titelbild

stock.xchng

Prüfung? Kein Problem!

**Prüfungs- und Arbeitshilfen
für die kaufmännische Ausbildung**

Sicher in die Abschlussprüfung

Das bieten nur die U-Form-Prüfungstrainer: Die erläuterten Lösungen!

Durch die ausführlichen Erklärungen zu jeder Frage weiß der Auszubildende genau, warum Antworten richtig oder falsch sind. Nur so kann er sein Wissen testen und bestehende Wissenslücken sofort schließen.

Erläuterte Stichworte Wirtschafts- und Sozialkunde
Best.-Nr. 72

- mit vielen Grafiken und Tabellen
- mit praktischem Stichwortverzeichnis
- 180 Seiten A4

16,50 €

Erläuterte Stichworte Leistungserstellung in Spedition und Logistik
Best.-Nr. 401

- Darstellung aller prüfungsrelevanten Themen, Grafiken und Tabellen
- mit praktischem Stichwortverzeichnis
- 260 Seiten A4

21,90 €

Prüfungstrainer Fit in WiSo 2
Best.-Nr. 784

- **Auflage 2011**
- alle Prüfungsthemen in einer Mappe
- erläuterter Lösungsteil
- 350 Seiten A4

23,80 €

IHK-Aufgabensätze zur Zwischen- und Abschlussprüfung

Original IHK-Zwischenprüfung

Frühjahr 10	Best.-Nr. 4499110
Herbst 10	Best.-Nr. 4499210
Frühjahr 11	Best.-Nr. 4499111

- mit Musterlösung
- bundeseinheitlich

je 7,25 €

Original IHK-Abschlussprüfung

Winter 09/10	Best.-Nr. 7299209
Sommer 10	Best.-Nr. 7299110
Winter 10/11	Best.-Nr. 7299210

- bundeseinheitlich bis auf Baden-Württemberg
- mit Musterlösungen für die Fächer Kfm. Steuerung und Kontrolle und Wirtschafts- und Sozialkunde

je 14,75 €

Bitte hier Ihre Kunden-Nummer eintragen:

U-Form-Verlag
Hermann Ullrich (GmbH & Co) KG
Cronenberger Straße 58
42651 Solingen

Absender/Stempel (genaue Versandanschrift)

E-Mail

_____
Datum/Unterschrift

<u>Bitte</u> achten Sie darauf, dass Sie <u>nur auf einem Weg bestellen</u>, um Doppellieferungen zu vermeiden.

Telefon 0212 22207-0 oder **Fax 0212 208963** oder **E-Mail: uform@u-form.de** oder **Internet: www.u-form.de**

Titel	Bestell-Nr.	Anzahl	Einzel-preis	Gesamt-preis

Preise einschließlich Mehrwertsteuer (außer bei Einstellungstests), zuzüglich Versandkostenpauschale von 5,90 €, Angebot freibleibend

☐ Eilservice 5,50 €

Summe

Zusätzlich möchte ich einen kostenlosen Prospekt zu den angekreuzten Themen:

☐ Automobilkaufmann/-frau
☐ Bankkaufmann/-frau
☐ Bürokaufmann/-frau
☐ Florist/Floristin
☐ Gastgewerbe
☐ Industriekaufmann/-frau
☐ Immobilienkaufmann/-frau

☐ IT-Berufe
☐ Kfm./Kffr. f. Bürokommunik.
☐ Kfm./Kffr. für Versicherungen und Finanzen
☐ Kfm./Kffr. im Einzelhandel Verkäufer/in
☐ Kfm./Kffr. im Groß- und Außenhandel

☐ Kfm./Kffr. f. Spedition und Logistikdienstleistung
☐ Einstellungstests
☐ Kfm. Allgemein
☐ AkA/IHK Veröffentlichungen